# 東京を捨てる

コロナ移住のリアル

澤田晃宏

ジャーナリスト



726

中公新書ラクレ

# はじめに

みんな、東京の生活に疲れているのだろうか。

新型コロナ感染拡大による緊急事態宣言が解除されたばかりの2020年5月28日、筆者（39歳）は兵庫県・淡路島北部の淡路市にいた。何気なくFacebookにアップした投稿が、筆者のSNS史上最高の114「いいね！」を獲得した。

「淡路島で農業始めます！　事務所候補地、家賃1万5000円。久しぶりにぼっとんトイレ見た。海まで徒歩1分」

コメントとともに、2DKの平屋の空き家物件の写真と、白浜を走り回る子どもたちの写真を投稿した。

その2週間ほど前の5月10日、約2年をかけて取材、執筆した『ルポ技能実習生』（ちくま新書）を出版しFacebookで報告した際も、たくさんの「いいね！」をもらったが、それでも82「いいね！」だった。

淡路市北東部に位置する漁師町・仮屋に移住するまでの約20年間、筆者は斜陽の出版業界の片隅で、主に週刊誌記者として東京で生きてきた。年々、原稿料と取材費が削られるなか、東京の高い家賃を払い続けながら、フリーランスの立場で書き続けていけるのかという不安が常にあった。地方出張の数は激減、首都圏の記者が、首都圏の感覚で、首都圏のニュースばかりを垂れ流す現状への疑問もあった。

コロナ下で多くの人がそうであったように、筆者も自分の生き方を見つめ直した。偶然にも中学時代の同窓生で、友人の金子慶多（37歳）が淡路島で農業を始めたと聞き、一緒にやろうと移住を決めた。新規就農の厳しい実態は第五章で詳述するが、兼業農家としてなら、細々と書き続けていけるのではないかと感じたのだ。

淡路市での生活は、耕作放棄地の開墾から始まった。

朝はトンビの声に目を覚まし、畑で土をいじり、毛根から滝のように汗をかく。長らくiPhoneより重たいものを持たない生活をしていたせいで、体が慣れるまでは大変だったが、とにかく汗をかくのが気持ちいい。「ＳＴＡＹ　ＨＯＭＥ」で蓄えられたぜい肉が筋肉に変わり、体重は5kg落ちた。肩甲骨周辺の筋肉も再生し、肩こりがなくなった。

確かに「三密」を避けて家に閉じこもる生活を強いられる首都圏の友人からすれば、淡路島の生活は「いいね！」だったのだろう。東京ではどこへ行くにもマスクは欠かせず、建物が敷き詰められた都心部では、ほっと息つく場所もない。

一方、淡路島の暮らしは、そこここで一息つける。漁港の係船柱に、砂浜に流れ着いた流木に、畑に転がる石に、一息つける場所は山のようにある。吸う場所がないと約3年前にやめたタバコを、また吸い始めるようになった。

金子の紹介で、地元住民から2DKの平屋の一軒家を借りた。家賃は駐車場代込みの4万円で、買えば180万円という。淡路島に暮らしながら、ゆっくり家を探したいと購入は見送ったが、都心の高い家賃に縛られない生き方は「いいね！」だ。

仕事が終わったら、海に出る。出るというか、自宅の前が漁港なのだ。

淡路島は釣り人には人気のスポットで、神戸市出身の筆者も学生時代に通ったことがある。5月末に移住した当初はキスやタコを釣っていたが、夏が終われば、太刀魚やイカのシーズンになる。本書の執筆が終われば、防波堤からカレイを狙うつもりだ。

季節ごとに釣れる魚が変わり、地元スーパーの一角を占める産直コーナーに並ぶ野菜や果実も変わる。建物に入ってしまえば、そこが東京か地方都市かもわからないショッピングモールで夏服から秋服に変わる風景を眺めるよりかは、随分いい。暑い、寒いだけではない目に見える季節の変化は、単純に面白く、最高に「いいね！」だ。

コロナ下で「低密」な地方への関心が高まっている。

東京一極集中の流れを解消しようと、国は地方移住に対する補助金を拡充し、人手不足に悩む地方自治体も移住者向けの独自の補助金を準備したり、国の「地域おこし協力隊」などの制度を利用したりして、移住者獲得に力を入れている。

ただ、移住は単なる引越しではない。生き方そのものが変わる。子どもがおらず、個人事業主として働く筆者のように、気軽に動ける人はそう多くはないと思われる。

しかし、新型コロナのワクチン開発など明るいニュースもありながら、本書執筆時点（2021年1月）で、コロナの変異種が発見されたり、再び緊急事態宣言が発出されるなど、まだまだ先は見通せない。そんな中、移住に向けて動き始めた人がいれば、移住を検討している人も少なくないだろう。

本書は「コロナ移住」の当事者の一人として、コロナ移住者や移住支援団体、地方自治体などを取材したルポルタージュだが、国や自治体が準備する移住に関する補助金などの情報や、移住で直面する課題などの情報を意識的に盛り込み、コロナ移住の実用書的役割を持たせている。移住ガイド本としても読めるだろう。

第一章では、すでに東京圏から移住した人たちを訪ね、その証言を集めた。

第二章では、移住支援団体や地方自治体の声を通し、コロナ下の移住者の動きを検証。第三章ではコロナ移住者から人気を集める二つの自治体を歩いた。

第四章では、２００９年度に地域力の維持、強化を目的に制度化された「地域おこし協力隊」を取り上げる。現在、リモートワークなどとは無縁の働き方をしている人にとっては、最も現実的な移住手段の一つと言えるだろう。

第五章では、新規就農の実態を書いた。農林水産省が半農半Ｘ《エックス》の支援を検討し始めるなど、日本の農政は大きな転換期にある。折しも、コロナ下で田園回帰の動きが強まり、副業としての農業に注目が集まっている。

第六章では、実用的な移住の知恵を集めた。地方移住は「いいね！」ばかりではない。住居の確保が大変だったり、生活費も期待するほど下がらなかったりする。田舎暮らしでは必須となる中古車の選び方まで移住の教訓を解説している。

終章では、新型コロナから受けたメッセージを、筆者なりに書いた。

本書には『東京を捨てる』という仰々しいタイトルがついているが、そもそも、東京に憧れ、住んでいる人がどれだけいるだろうか。筆者は約20年間、東京で生活をしてきたが、この街はすっかり色を失った。

筆者が初めて東京に足を踏み入れたのは、１９９８年だったと思う。17歳だった。渋谷のスクランブル交差点の人込みに圧倒され、テレビでしか見たことのなかった「ガングロ」ギャルに尻込みした。原宿に行けば、ファッション誌でしか見たことがない奇抜なファッションをした同世代の若者が歩いていた。新宿・歌舞伎町は独特な雰囲気が漂い、コマ劇場前には怪しげな人が常時、出入りしていた。街それぞれに、独特の人の営みがあり、色があった。

それが今や、みんなユニクロの服を着て、駅前は同じようなショッピング施設が並ぶ。筆者は東京居住時、品川区の五反田駅周辺に住むことが多かったが、武蔵小山《むさしこやま》駅前のレトロな飲み屋街をはじき出し、どこにでもある商業ビルや品のないタワーマンションが建ち始め、その独特ないかがわしさが魅力だった五反田駅までもがどこにでもある商業施設と一体となった駅ビルに変わった時、もう東京は本当につまらなくなったと感じたものだ。

目下、新型コロナ感染拡大の影響で、飲食店が大打撃を受けている。赤ちょうちんがぶら下がる体力のない小規模飲食店は壊滅し、その跡地には同じような飲食チェーン店が軒を並べるのだろうか。東京は、ますます色を失っていくのだろう。

本書は東京を捨て、地方に移住しようと促すものではない。

ただ、コロナをきっかけに働き方が急速に変化し、東京一極集中の流れが変わろうとしているのは紛れもない事実だ。政府もその流れに乗り、移住に関する交付金を拡充するなど、移住者への支援を拡大している。移住する、しないは別として、本書が読者自身の「いいね！」と思える人生を摑むきっかけとなれば幸いだ。

なお、文中の年齢は本書の取材時（2020年11月から2021年1月）のものとした。写真は提供写真以外、筆者が撮影したものである。

目次

図表作成・本文DTP／市川真樹子

# 東京を捨てる

## コロナ移住のリアル

# 第一章
# 満員電車にさようなら

## 過疎地の定住促進住宅が満室に

東京都心部から約100km――。日本百名山に数えられる赤城山の麓、一級河川・渡良瀬川の上流部に位置する群馬県桐生《きりゅう》市黒保根《くろほね》町。町内を走る「わたらせ渓谷鐵道《てつどう》」には、秋の紅葉シーズンになると遠方からも観光客が訪れる。

「住みやすい新里、豊かな自然に恵まれた黒保根、産業の桐生という3地域の特徴を生かした新市を作る」（大澤善隆・元桐生市長）

旧黒保根村は高齢化と人口減から117年にわたる村の歴史を閉じ、2005年6月に桐生市に編入合併し、黒保根町となった。2021年1月末時点で、842世帯、1719人が暮らす過疎の町だ。編入合併時の人口（2680人）と比べ、人口はさらに約1000人減少している。

対策を打ってこなかったわけではない。

桐生市は過疎化対策として約1億4000万円をかけ、2019年2月に「水沼定住促進住宅」を建設した。町で唯一の黒保根小学校（児童数33名／2020年4月時点）まで徒歩5分の好立地で、子育て世代の移住を狙った。

木造平屋建て住宅が6戸。それぞれ3LDKの間取りで、18畳のリビングに、6畳1部屋と4畳半が2部屋。すべてフローリングの洋間の造りだ。延べ床面積は85㎡あり、軽自動車なら4、5台は停められそうな駐車スペースも含め、家賃は月額3万4000円。都内で同様の間取りで賃貸物件を探せば、駐車場抜きの家賃だけで20万円は下らないだろう。

水沼定住促進住宅は、市外からの転入者、45歳以下の夫婦世帯、持ち家がないなどを条件に、2019年1月から入居者の募集を開始。申し込み多数の場合は抽選としたが、募集開始から半年が過ぎても、黒保根町に隣接するみどり市からの入居が1世帯あったのみ。2019年末時点でも、2世帯の入居にしか至らなかった。

黒保根町で出会った住人は筆者にこう話した。

「いくら自然豊かな環境と言っても、仕事がなければ人は集まらない。企業を誘致して、雇用を生まないことには、移住してくる人はいないだろう」

町の中からも疑問の声が上がるなか、コロナが状況を一変する。

2019年末時点で6戸中、4戸の空きがあった水沼定住促進住宅だが、2020年4月から9月までの半年間で、残るすべての入居者が決まった。

### 息子が初めて星を見た

都内のベンチャー企業に勤める山本祐司さん（36歳）は、2020年8月に妻の未央さん（32歳）と息子（2歳）を連れ、東京都荒川区から家族で桐生市へ移住。水沼定住促進住宅に引っ越した。

4トントラックいっぱいに積んだ荷物を運び終えた頃には、辺りはすでに暗くなっていた。一息つこうと家を出ると、突然、息子が空を見上げて言った。

「大きなお星さま、あるねぇ」

東京で生まれ育った息子にとって、月を見たことはあっても、星は絵本の中でしか見たことがない。続けて息子は「きらきら星」を歌い出した。

「きらきらひかる　お空の星よ　まばたきしては　みんなを見てる　きらきらひかる　お空の星よ」

その姿を見て、夫婦で泣きそうになったと祐司さんは振り返る。

「星が見える環境、それだけで移住してきて良かったなと初日から思えた体験でした」

自ら「ワーカーホリック」と話す祐司さんが移住を考え始めたきっかけは、新型コロナの感染拡大だ。安倍晋三前総理大臣は２０２０年３月13日に成立した新型コロナ対策の特別措置法に基づき、４月７日に東京、神奈川、埼玉、千葉、大阪、兵庫、福岡の７都府県に緊急事態宣言を行い、４月16日には対象を全国に拡大した。

緊急事態宣言の発令により、都内のベンチャー企業に勤めていた祐司さん、ＮＰＯ法人の会計業務を担当していた未央さんも在宅勤務になった。息子が通っていた保育園も臨時休園となり、家族３人、ほぼ自宅を出ない生活が始まった。

360度田んぼに囲まれた自宅前（山本さん提供）

## 高い家賃を払い続ける意味はない

山本さん一家は黒保根に来る以前、東京都荒川区内のタワーマンションの一室に住んでいた。家賃は現在より10万円以上高く、広さは８割程度だ。緊急事態宣言の発令により、会社に行くことはなくなったが、夫婦ともにリモートワークで仕事は続けていた。

ふと、祐司さんのなかに生まれた疑問は、日に日に大きくなるばかりだった。

「このまま東京で家賃を払い続ける意味はあるのか？」

夫婦が仕事を続ける横で、子どもは終日、タブレットで動画を視聴している。自宅のなかで自由に遊ばせることはできない。上の階の部屋の子どもの足音が聞こえるたびに、息子の行動にも注意しなければと、不安になる。

同時に新たな疑問が生まれた。

「いったい、自分たちはどんな子育てをしたいのか？」

それは祐司さんだけではなく、未央さんも同じ思いだった。

夜な夜な夫婦で話し合い、結論はすぐに出た。

「息子には、自然の中で本物の生命に触れ、伸び伸びと成長して欲しい。東京から離れることへの不安はありましたが、自分たちも自然に囲まれたリモートワーク環境への興味がいつしか不安を上回っていました。メリット・デメリットを整理してもおそらく合理的な結論は出ないだろうと思いました」

勢いが大事、祐司さんは当時をそう振り返った。

## 東京からは離れられない

移住先は北関東に決めた。祐司さんは群馬県桐生市、未央さんは茨城県ひたちなか市の出身で、ともに実家は北関東にある。

「お互いの両親の老後のこともありますが、逆に困ったときには助けてもらえるし、孫の顔を見せに行くこともできます」

仕事の不安はなかった。未央さんはコロナ以前から在宅勤務が中心で、祐司さんが勤める地方自治体のインバウンド対策などのコンサルティング業務を行うベンチャー企業も、コロナ感染拡大後にオフィスを解約するなど、リモートワーク中心の働き方に移行していた。

それでも、本社機能は東京に残り、クライアントとの会議やセミナーなどで東京に行く機会があることは容易に想像がついた。移住先を北関東に選んだ理由には、東京から近いという理由もある。

「たとえ、ワクチンが開発されようとも、月に二度、三度は東京に行くことはあると思いました。地元ではボランティア的にプロボノ（自らの専門知識や保有しているスキルを社会貢献に活かす活動）を積極的にやっていきたいと考えています」

5月25日に緊急事態宣言が解除されると、6月には現在の住まいである水沼定住促進住宅へ見学に来た。

祐司さんは桐生市出身だが、実家から黒保根は車で1時間程度の距離にあり、地元という感じはしなかった。住宅は360度田んぼに囲まれ、背後には広大な赤城山がそそり立つ。いまだ入居者のいなかった定住促進住宅内に足を踏み入れると、広いキッチンがとても魅力的に見えた。平屋だから、以前のように上の階の物音を気にする必要もない。

ここに住もう。即決だった。

**ベビーカーで移動する休日ストレスがない**

黒保根に移住し、子育て環境は激変した。

息子は田んぼのカエルやトンボを追い回し、近隣農家の野菜の収穫を手伝う体験も喜んでする。家を囲む田んぼは季節ごとに色を変え、秋にはコシヒカリ「くろほの雫」が黄金色になり、頭《こうべ》を垂れる。その米農家から直接お米を買って、精米して食べる。

祐司さんは仕事の休憩がてら、田んぼのあぜ道を子どもとよく歩く。息子はすっかり田んぼのファンだ。

「お米ができて、おにぎりになるんだよね」

「お水で大きくなるんだよねぇ」

食育などといった安っぽい言葉ではない、本物の教育環境がある。

保育料を算定する所得基準が都道府県ごとに異なり、保育料は都内の保育園より約1万円上がったが、「高密」な都内の保育園とは違い、息子が通う黒保根保育園は息子を含め全学年で11名。園庭がとにかく広く、「都内の保育園の2、3倍はあると感じた」と祐司さんは話す。

「園庭の真ん中に大きくて急な坂があり、初めは転んだりしないのかなと不安でしたが、子どもたちは全力で駆け上がったり、シートを使って自然の滑り台として遊んだりしています。東京で通わせていた保育園には園庭がなく、近くの公園で遊んでいましたが、やはり安心して自由に遊べる場所があるのはありがたいですね。先生から聞いた話では、お友達はみな裸足で駆け回っていて、息子だけは慣れないうちは靴を履いていたそうです」

週末の外出が楽になった。車で1時間も走れば、ユニクロもニトリも、コストコだってある。東京に行く必要は感じない。何より、

「東京だと子どもをベビーカーに乗せ、電車の中でも周囲に気を使いながら、移動するだけ

で疲れてしまいます。地方は車社会だから、子どもが車内で叫ぼうが、暴れようが、気にすることはありません。買い物の荷物は玄関先まで車で運べます」

## 中学校には卓球部しかない

祐司さんは「勝手にグンマー移住大使」として、SNSを通じ、黒保根の生活を発信している。いつも、コメント欄には「羨ましい」といった言葉が並ぶ。

「住みたくなる話ばかりだから、そろそろつらい話をお願いします」

友人からは、そんなコメントも出る始末だ。

最寄りのスーパーまで車で15分かかるなどの不便はあるが、その代わり、地元の産直でいつも新鮮な野菜や果物を安価で手に入れることができる。どこへ行くにも車が必須となったが、先述の通り、週末の外出ストレスはなくなった。

ただ、いいことばかりではない。山本さん夫婦には、不安もある。

「子育て環境としては抜群ですが、小学校と中学校を合わせても生徒が54人しかいません。ある程度の人数がいないと、人との関わり方や、競争力がつかないかもしれないという不安はあります」

地元サッカークラブはあるが、中学に常設された部活動は卓球部しかない。高校、大学となると、自宅から通える学校の選択肢も狭まってくる。

それでも、今は、毎日元気に走り回る子どもの姿に満足だ。リモートワークで仕事を続け、祐司さんは月に2～4回、未央さんは月1回ほど東京に出る機会があるというが、大きな負担にはなっていない。

自宅から最寄りの東武鉄道「赤城」駅までは車で約20分。そこから有料特急「りょうもう」を利用すれば、約1時間40分で都内の北千住駅（東京都足立区）に着く。気になる交通費だが、赤城～北千住間で、乗車券と特急指定席券を合わせて片道２２７０円だ。毎日となれば高くつくが、月に数回程度なら都内で暮らした場合の通勤代とさほど変わりはないだろう。

「時間はかかりますが、都内の満員電車とは違い、必ず座れます。折りたたみテーブルにパソコンを置き、仕事も快適にできるので、時間は特に気になりません」

むしろ、違った環境で仕事に集中できる。そう、祐司さんは話した。

## コロナ解雇で移住を決断

関上《せきがみ》大佑さん（35歳）、英美里（25歳）さん夫婦も、コロナ下で水沼定住促進住宅に入居した。大佑さんは群馬県昭和村の出身だ。

地元の自動車大学校を卒業後、何度か転職はしたものの、一貫して自動車整備関係の仕事に就いていた。直近まで勤めていた会社では、主にトラックやバスなどの大型車を企業にリースし、その管理や整備業務を担当していた。

だが、業績悪化を理由に、勤め先から「3か月先までの給与を支払う」という条件付きで、2020年4月に「自己都合」で退職。大佑さんは満員電車を避けるため、職場から徒歩圏内に家を探し、港区内の1K7畳（約25㎡）のオートロックマンションを借りたばかり。オートロックは前年7月に結婚した妻の英美里さんの希望だった。家賃は12万円で、ほかに愛車を停める月極の駐車場代が3万3000円かかった。

英美里さんは福岡県広川町出身で、大学進学をきっかけに上京。大学卒業後は人材関係の大手派遣会社の派遣社員として働いていた。英美里さんの勤務先もコロナの影響で一時的に自宅待機となったが、その間も給与は100％支給された。

自動車整備士は2019年に新設された外国人の在留資格「特定技能」の対象職種に入る

など、人手不足に苦しむ業界だ。自動車整備士としてのキャリアが豊富な大佑さんなら、転職先探しにそれほど苦労することはないが、
「自動車整備士は少しのミスで人の命を奪うこともあり、とても責任が重く、精神的なプレッシャーが大きい」（大佑さん）
これまでとは違った職業に挑戦したいという気持ちが高まるなか、東京で家庭を持つ難しさも感じていた。大佑さんは言う。
「もしも子どもが生まれたら、２ＬＤＫくらいの大きな家に住みたい。だけど、東京都内で探せば、家賃は20万円近くになる。いつかは東京を離れたいと考えていましたが、それをコロナが後押しした感じです」

**移住先の家賃と都内の駐車場代が同じ**

勤務先が「3か月先までの給与を支払う」ことを条件に退社したが、十分な貯金はなく、このままでは高い東京の家賃を払い続けることはできない。妻の英美里さんは引き続き派遣会社で働いていたが、大佑さんが移住を切り出すと、首を縦に振った。
「東京は魅力がありますが、生活費がかかり過ぎます。広い家で、のんびり暮らしたいと思

自宅前に立つ関上さん夫婦

いました」（英美里さん）

大佑さんは地元群馬の中核都市・前橋、高崎エリアで仕事を探しながら、周辺に安く借りられる家はないかと「空き家バンク」で物件を探した。第六章で詳述するが、空き家バンクは地方自治体が空き家の売却・賃貸を希望する所有者から登録を受け、空き家の利用を希望する人に情報を公開する制度だ。

しかし、登録された物件は、どれもリフォームに数百万円かかりそうなものばかりで、すぐに住めるような家はなかった。コロナの影響で求人数は減っていて、思うような仕事も見つからない。自動車整備士の仕事なら都内の会社で内定が出たが、このタイミングで東京を脱出し、違った仕事に挑戦したい。

そんなときだった。自ら「地元愛が強い」と語る大佑さんは、電子版で購読していた群馬県の地元紙「上毛新聞」で水沼定住促進住宅の募集を知った。8月には現地を訪れ、すぐさま入居を決めた。家賃3万4000円は、現在暮らす都内の賃貸物件の駐車場代とほぼ同じ。しかも、家の広さは3倍近い。複数台停められる駐車スペースもついている。

仕事のあてはなかったが、

「田舎は人手不足のイメージがあって、都内より求人が多いんじゃないかと楽観的に考えていました」（大佑さん）

2020年10月、関上さん一家は黒保根町に引っ越した。入居のための敷金を支払うと、貯金はゼロに近くなっていた。

当初、大佑さんは政府の「移住支援金」を利用しようと考えていた。

移住支援金は、東京一極集中の是正と地方の担い手不足解消のために創設された国の地方創生起業支援事業・地方創生移住支援事業の一環で、2019年度から実施されている。これに関しては、第二章で詳述する。

移住支援金の支給対象は、移住直前の10年間で通算5年以上（直近1年以上は東京23区に在住または通勤していることが必要）、東京23区または東京圏に在住し、東京23区に通勤していた人で、東京圏以外の道府県への移住者などだ。

## 政府の移住支援金100万円をあてに

大佑さんが移住する桐生市は移住支援金を扱っており、「補助金の申請日から5年以上、継続して居住する意思を有していること」などの要件をクリアすれば、単身世帯なら60万円、夫婦なら100万円の補助金が受けられる。

ただ、この移住支援金の問題は仕事だ。

補助金を受けるためには、移住支援金の対象としての要件をクリアした、道府県のマッチングサイトに掲載された企業への就職が条件になる。行政のPR不足もあってか、全国的に求人数・利用者数ともに少ない。民間の求人媒体やハローワークから自由に仕事を選べるわけではない。

大佑さんは数少ない移住支援金を対象とした4つの求人に応募し、その内2つからは内定を得た。一社は介護事業所で、期待する給料とは大きな乖離《かいり》があった。もう一社は運送会社で、手取り給与も20万円台後半と良かったが、採用の条件は「自動車整備士としてなら」であり、違った仕事に挑戦したい大佑さんとは希望が合わなかった。

貯金が底を突きつつあるなか、移住支援金を対象とした求人ではないものの、幸いにも英美里さんの仕事が決まった。事務職の正社員で、手取りは18万円程度ある。何とか一家の生計は立てられそうだ。大佑さんは車の免許がない英美里さんの送り迎えをしながら、新しい仕事を探している。

ただ、大佑さんにそれほど切迫感はない。

「田舎の求人は即戦力を求めるものが多く、何も見つからなければ自動車整備士としてまた働くしかありませんが、せっかく生活費の安い田舎に移住したのだから、せかせか働くことはしたくありません。世帯年収で４００万円もあれば、子どもも産んで、家族で幸せに暮らしていけそうですから」

英美里さんも虫の音と鳥の声の聞こえる静かな環境に満足している。週末は、近くの温泉街の日帰り温泉に行くなど、さっそく田舎暮らしを満喫しているようだ。

## 条件は「新幹線が停まる場所」

リモートワークでは成り立たない自動車整備士のような仕事に就いている人にとって、仕事の確保が移住の一番の課題になる。地方は零細企業が大半で、未経験者を一から育てる余裕もなく、給与水準も低い。

現時点でコロナ移住に踏み切っているのは、リモートワークの普及を進める一部の大企業や、IT関連企業で働く人たち、また、筆者のようなフリーランスなど、働く場所に制約がなく、かつ、収入は東京などの所得水準の高い都市部で確保できる一部の人に限られるのが現状だろう。そうした環境にある人は、早々に東京を捨て、低密な地方に動き出している。

大手IT企業ビッグローブ社員の平澤庄次郎さん（36歳）は、2020年8月末に神奈川県小田原市に移住した。移住前は「とにかく満員電車が嫌」で、会社から徒歩10分の場所にある家賃7万8000円の賃貸アパートに住んでいた。新型コロナ感染拡大の影響で、4月からは、出社が月1回になっていた。

平澤さんの仕事は、主に営業社員のサポート。技術的なアドバイスや、クライアントから依頼された見積もりの作成などを行う。営業の前線に立つわけではなく、リモートワークに変わっても、仕事上で困ることはなかった。

ただ、決して広いとはいえない19㎡のアパートで仕事を続けるうちに、ある思いが湧いてきた。

「会社の近くにいても意味はない。移住しよう」

2020年7月頭のことだった。

平澤さんは静岡県伊東市の出身。伊東市は伊豆半島東部にあり、市内の伊豆高原は別荘地として知られる。実家はその伊豆高原にある。風光明媚《ふうこうめいび》な環境でのリモートワークをする姿も一瞬、頭をよぎったが、都心への電車も少なく、さすがに遠い。

「月に一度は必ず出社しなければならないし、何かあったときにすぐに東京に行ける状態にしたかった」

平澤さんが移住先を決めるにあたり、最も重要なポイントは「新幹線の駅があること」だった。なおかつ、実家に近いとなれば、おのずと候補は東海道新幹線の小田原駅（神奈川県）と三島駅（静岡県）に絞られた。

最終的には希望に合った賃貸物件を見つけた小田原市に決め、7月末には賃貸契約も済ませた。以前と比べ家賃は1万5000円下がり、広さは倍になった。

## 23区の若者の約4割が地方移住に関心

小田原～品川間は新幹線でわずか26分。品川から在来線に乗り換え、会社最寄りの「品川シーサイド駅」から会社までは、ドア・ツー・ドアで約1時間。新幹線を使わず、在来線を乗り継いでも1時間半という近さだ。会社からは乗車券代のみが交通費として認められているため、帰宅時は在来線でのんびり帰ることが多いという。

都心への通勤時間が1時間となれば、移住というより、引越しというイメージに近い。

さらに平澤さんは、こう話す。

「会社周辺に比べ、小田原駅には立派な駅ビルもあって、スターバックスやドン・キホーテなど、何でもあります。地方移住したつもりが、以前住んでいた東京の下町より都会的です。しかも、駅前を少し離れれば自然環境が豊かで、新鮮な魚を食べられる」

チェーン店ばかりが目立つ東京とは違い、小規模な地元の飲食店も多い。そうした店に一人でふらりと飲みに行くのが、平澤さんの楽しみだという。

仮に平澤さんのように月に1回程度の出社なら、同僚の多くも移住に動き出しているのではないかと思うが、案外そうでもないようだ。

「会社では『小田原の人が来た』なんて、ネタにされます。移住したいと考えている人は多いですが、賃貸の更新のタイミングにしようとか、新たな移住支援金の情報を待っている人もいます。移住するとなると、引越し代がかかるし、家が広くなる分、新しい家具を買ったり、場合によっては車も買ったり、出費も増えますから」

政府は新型コロナの感染拡大を受け、2020年5月から6月にかけ「新型コロナウイルス感染症の影響下における生活意識・行動の変化に関する調査」を実施。テレワーク実施率は地方圏で26％に留まるが、東京23区では55・5％に達した。若い世代を中心に地方移住への関心が高まり、地域別では東京23区が最も高く、20代の35・4％の人が「地方移住への関心が高くなった／やや高くなった」と答えている。

「自分は動きが早過ぎた」と自嘲する平澤さんだが、政府は２０２１年度から先述の「移住支援金」に、仕事を変えずにテレワークで働く移住者も支給対象に加える（第二章で詳述する）。ＩＴ関連企業で働く潜在的移住検討者にとって、１００万円の補助金（単身の場合は60万円）が大きな魅力になるのは間違いないだろう。

## 部屋にリモートワークをする場所がない

自宅最寄りの都内の地下鉄の駅を出ると、月は見えなかった。

ＩＴベンチャー企業Thinkings（東京都中央区）の広報担当者・石橋みなこさん（仮名・33歳）は、東京都中央区の賃貸マンションで暮らしていた。間取りは１Ｋで、家賃は10万６０００円（26㎡）。約２か月ぶりに自宅のドアを開け、ベッドと机とソファが敷き詰められた部屋にげんなりとした。腰を下ろす場所は、ベッドとソファの上しかない。

部屋はマンションの８階、眺望の良さが気に入っていたが、隣にもマンションが建ち、窓を開ける気にもならなくなっていた。

「ここで暮らし続けるのは無理だ」

石橋さんは2020年4月の緊急事態宣言を受け、勤務先がリモートワーク体制になったことを機に、静岡県三島市で暮らす交際中のパートナーの家に移り住んだ。三島駅から徒歩15分の賃貸物件で、駐車場代込みで、家賃は6万5000円。間取りは2DKで、広さは55㎡ある。

彼は以前、東京都品川区に住んでいたが、2019年春に三島市に引っ越し、以降は都内に新幹線通勤をしていた。アウトドアが趣味で、何かと荷物が多い。ただ、都内で広い家を探すとなると、家賃は20万円近くになる。

だったら、会社から全額負担されなくとも、家賃が安く、自然環境豊かな三島に引っ越そう。新幹線通勤で毎月5万円ほどの自己負担はあるが、都内との家賃差を考えれば、逆に生活費は安くなり、満員電車に乗る必要もない。そう、彼は考えたという。

コロナをきっかけに突如始まった同棲生活。彼の家の前からは、富士山が見えた。二人で散歩していると、彼が「今日は満月だね」と空を見上げた。石橋さんは、しばらく月の形など気にしたこともなかったことに気が付いた。

そんな三島での生活から戻って見た自分の部屋は、ひどく狭く見えた。ベッドと机が隣り合わせで、リモートワーク用に新しい家具を置くスペースもない。

## コロナ前の働き方には戻らない

石橋さんは福岡県出身。大学進学と同時に、東京へ。大学時代は、鎌倉から都内の大学に通学。コロナがなくとも、タイミングがあれば、海に近い逗子《ずし》や鎌倉に住みたいと考えていた。海へのアクセスもいい彼の家に引っ越そうと思った背景には、そうした事情もある。

2020年7月、石橋さんは東京のマンションを引き払い、三島市に移住した。

「東京の賃貸の退去を決めたのは、緊急事態宣言解除後の感染拡大が落ち着いた時期でしたが、転居するタイミングでは再び感染者が増えていました。そのため、東京からの移住者がどう思われるか心配もありましたが、2か月間の彼との同棲生活中に、彼の友人やご近所さんとの人間関係もできていて、温かく迎えてもらえました」

ただ、石橋さんが移住に踏み切れた最大の理由は、たとえワクチンが開発されようとも、以前のような毎日会社に行く生活には戻らないという確信があったからだ。

緊急事態宣言後に完全なリモートワークが始まり、

「最初は仕事ぶりが見えない分、目に見える成果を出さなければという焦りを感じ、普段より過剰に新しいことを提案したりして、精神的に疲れましたが、慣れてしまえばリモートでほとんどの仕事が成り立つと実感しました」

さらに石橋さんは、こう語気を強める。

「最先端のインターネットテクノロジーを利用したサービスを扱う会社が、コロナが終わりましたからと、また、コロナ前の働き方に戻ることはあり得ないだろうと思っています」

石橋さんが勤めるITベンチャー企業Thinkingsは、クラウド上で新卒・中途採用の応募者管理や応募者の選考状況などの分析ができる採用管理システム「SONAR ATS」を主軸に事業展開している。

コロナ下でオンライン採用サービスが拡大し、オンライン面接ツール「harutaka」や「インタビューメーカー」などが人気を集めている。こうした新たなサービスツールを自社の採用管理システムに組み込むことで、サービスの需要も増えた。石橋さんの会社でも2020年度採用で4名内定を出したが、うち1人はフルリモートで内定を出したという。

石橋さんは広報担当者で、プレスリリースの作成やメディア対応、社内ブログの執筆やPR企画が主な業務だが、営業職にも大きな影響はないという。

「商材自体がオンライン上にあるもので、コロナ以前から、オンライン営業システム『ベルフェイス』を利用した非対面型の営業を行っており、リモートワークになっても影響はありません」

## 「ららぽーと沼津」で十分

石橋さんは取材時の２０２０年12月時点で、週に2回ほどのペースで会社に出勤しているという。

「密にならないように出社する人の数を調整しながら、全社員が週1～2回のペースで出社しています。リモートではチャットやビデオ会議ができるクラウドサービスTeams（Microsoft）を利用していますが、どうしてもテキストベースの会話になり、雑談が生まれません。ホワイトボードに書きながらアイデアを出して議論したいときなどは、関係者と予定を合わせて出社しています」

新幹線に乗れば自宅最寄りの「三島」駅から、東京の玄関口「品川」駅まで「ひかり」なら37分、各駅停車の「こだま」でも44分で着く。

「仮に週5出勤になったとしても、三島～品川間の新幹線代を入れ、通勤代は月額約10万円。

弊社では交通費の上限が3万円で、7万円が自己負担になります。それでも、家賃差などを考えれば、自然環境豊かで、家の広い三島から、座って東京に通勤したい」

東京で住んでいた1K26㎡程度の賃貸物件は、三島なら4万円程度でも借りられるという。三島の自宅が「駅近」というわけではないが、

「駅前の道は川が流れていて、とても気持ちがいいんです」

富士山南麓に位置する三島市は、富士山の湧き水に潤う「水の都」と呼ばれ、市街地中心部を流れる源兵衛川には散歩ができるように置き石が置かれており、市民や観光客も多数訪れる街のシンボルだ。

取材に応じる石橋さん＝三島市内

東京にはしばらく住みたいとは思わないと、石橋さんは言う。

「買い物が好きで、銀座などにはよく出かけましたが、移住後は消費欲求がなくなりました。隣接する沼津市に商業施設『ららぽーと沼津』があるので十分です。代わりに、彼と富士五

湖でウィンドサーフィンを楽しんだり、西伊豆にキャンプに行ったり、自然と触れ合う時間が圧倒的に増え、心が豊かになった気がします」

東京に住んでいた頃はキッチンが狭く、近所のスーパーでお弁当などを買ったり、外食で済ませたりすることが多かった。三島駅周辺に飲食店は多数あるが、移住後は自炊が中心になった。地域には産直野菜の直売所があり、季節ごとに変わる作物を使ってレシピを考えるのが楽しみだという。

## 営業現場もオンライン化が進む

コロナ下でリモートワークが浸透する中、ビデオ会議サービス「Ｚｏｏｍ」に触れた人は多かったのではないか。対面取材を原則とする筆者も、このコロナ下では取材にＺｏｏｍを利用することが多かった。本書に関する取材の多くも、Ｚｏｏｍを利用している。

ただ、リモートワークのなかでも営業職は、日本は世界に比べインサイドセールス（電話やメール、ビデオ会議システムを利用した商談）の導入率が低く、いまだ飛び込みやテレアポなど、対面を前提とした営業が一般的だ。

だが、新型コロナ感染拡大の影響で営業の現場も変わりつつある。先に紹介した石橋さんの言うように、Ｚｏｏｍのみならず、リモートワークに対応するサービスは拡大しており、コロナ以前の社会に戻ることはないかもしれない。

２０１５年に創業したベルフェイス（東京都渋谷区）は、営業に特化したオンライン営業システム「ベルフェイス」を展開している。双方が自由に資料を操作できる同期プレゼン機能や、トークスクリプトを表示できるカンペ的な機能など、営業に特化した補助機能を持つ。録画録音機能もついており、先輩社員の営業ノウハウを社内で共有したりして、新入社員の教育としても活用できる。２０２０年1月時点の導入企業数は１６５４社だったが、３月の問い合わせは１０００件を超え、12月には導入企業数が３０００社を超えた。

同社取締役の西山直樹さん（37歳）は創業当時をこう振り返る。

「日本ではまだまだ足を運んで誠意を見せる対面営業が主流で、当初はなかなか相手にもされず、ＩＴ業界を中心に当社サービスの導入が進みました」

しかし、コロナ下でこれまで見向きもしなかった業界までもが、インサイドセールスへの関心を高めているという。

「以前はまったく関心を見せなかった製造業からもお声がけを頂くようになりました。コロナ下で顕著に導入が増えたのが、不動産業界と金融業界です。いずれも、対面営業が基本の業界でしたが、例えば外出自粛ムードで現場に足を運べない顧客に対し、ハウスメーカーが当社サービスを使って営業をしています。株や証券を取り扱う金融業界も、非対面の営業に切り替えつつあります」

**移住より先に北海道の土地を買う**

そのベルフェイス社員の清水貴裕さん（36歳）は、２０２０年12月に北海道上川郡東川町に移住した。現在は、同社の事業企画室長として、商品開発などに取り組む。２０１９年４月にベルフェイスに転職する以前は、ベンチャー企業のＣＯＯとして休みなく働いていた。

自分の生き方について疑問を持つようになったのは、そんな前職時代のことだ。

「毎日、朝から夜遅くまで働いて、子どもの顔を見るのは寝ている姿のみ。家族との時間を増やすためにリモートワークに挑戦しましたが、当時はコンサルティング関係の仕事で、大事な商談は相手も重役が出てくるため、対面が基本。諦めました」

それでも、新しい生き方を探していた。家族と過ごす時間が少ない上、東京で子どもを育てることに対する危機感を感じていた。

「東京だと、知らない人に声をかけたら駄目と教えますが、知らない人に会ったら『こんにちは』じゃないですか。それができる町で子育てをしたかった」

清水さんの考えた「新しい生き方」はこうだ。

「地方にいながら、首都圏並みにバリバリ働く」

前職時代の2018年には、今すぐ実行に移せるわけではないが、移住することは家族で決めた。移住相談機関に相談したり、移住イベントに足を運んだりした。

移住先を決める上で、条件は4つあった。

一つは、自然豊かな環境であること。これは多くのエリアが該当する。二つ目は、空港から近いこと。地方で働くと言っても、仕事で東京に行くことは想定した。そして三つ目は、人口が少ない地域で、かつ、人口が増えている町。急成長中のベンチャー企業のような活力ある町がいいと思った。そして最後は、子どもの教育に力を入れ、外国人がたくさんいる町。多様な価値観や文化がある町で子どもを育てたかった。

そのすべてに該当したのが、北海道上川郡東川町だったという。

東川町は北海道のほぼ中央に位置し、日本最大の自然公園「大雪山国立公園」の区域内にある自然豊かな環境だ。人口は1万人に満たないが、移住者を積極的に受け入れ、第四章で詳述する「地域おこし協力隊」の受け入れ数は全国一位だ（2018年度）。

また、東川町はトレッキングやバックカントリースキーを目的とした外国人観光客が多く訪れるほか、２０１５年に国内初の公立日本語学校を開校している。外国人留学生の受け入れを積極的に進めており、清水さんによると「町の食堂に行けば、誰か一人は外国人がいる環境だ」という。

実際にいつ移住できるかはわからないが、清水さんは「もう、ここしかない」と都内では到底手の届かない広さの土地を東川町に買った。坪単価は5万円以下と、都内ではとても考えられない値段だった。最寄りの旭川空港までは車で10分程度の距離で、都内まではドア・ツー・ドアで、約3時間。すべての条件を満たしていた。

## リモートワークで仕事の正確性が高まった

土地は押さえたものの、移住を実行に移せない清水さんの転機となったのが、ベルフェイスへの転職だった。まさに、清水さんの考える「新しい生き方」を実現させるためのテクノロジーの開発、普及に努める事業で、将来的な移住を視野に入れることができた。

入社後は都内から会社に通う生活を送っていたが、それでも、自宅からのリモートワークが全体の40～50％。そこに、新型コロナの感染拡大が始まった。

ベルフェイスも緊急事態宣言発令後は、全社員がフルリモートに。同社の管理職として部下をまとめるなか、

「フルリモートでも仕事の生産性などにまったく支障はなく、むしろ、仕事が丁寧になった。隣にいると、つい指示を出しただけで終わってしまうが、リモートワークではテキストに落とすようになり、仕事の正確性が高まりました」

フルリモートでもいける——そう確信を持った5月末に、清水さんは購入済みの東川町の土地に、2階建ての一軒家の建設を始めた。そうして、自宅の完成を待ち、12月に東川町に移住したのだ。

移住後も、月に1～2回は東京に行く予定だ。

「毎日会うより、たまに会うほうが、時間が濃密で、チームビルディングもしやすい」

続けて清水さんはこう話した。

「こういう時代が来るのではないかと思っていた。東京で朝から晩まで働いていた時代、みんなが我慢して生きているように見えた。それは満員電車だったり、労働時間だったり、給与だったり……。これからは会社が労働者に合わせる時代。そうでなければ、企業も人を採用できなくなると思います」

自分が新しい生き方のロールモデルになりたい。

清水さんはそう力を込めた。

## コロナ前の状況に戻るのに4、5年かかる

先出の平澤さんや石橋さん、清水さんが働くIT企業はリモートワークへの対応が早く、早々に移住を決断できたかもしれないが、そうした業界ばかりではない。その他の業界でも、若い経営者が率いるベンチャー企業ではリモートワーク化が進むが、まだまだ足を運んで誠意を見せる昭和型の営業会社や、そもそも建設や製造業、介護など、リモートワークでは成り立たない仕事もたくさんある。

自ら「昭和型」とぼやく大手サービス業の役員はこう愚痴った。

「4月の緊急事態宣言発令時には『これからはテレワークだ！』と意気込み、60代の社長が一部のオフィスの賃貸契約を解除して、新しい時代に向けて動き出しているかに見えました。しかし、業績が落ちてくると『営業ができていない』ということになり、緊急事態宣言が解除されて間もなく、すべての営業社員は週5出社になりました。コロナ後に一部オフィスを解約して狭くなった分、コロナ前より密になっています」

2021年2月17日、日本でも医療従事者に対する新型コロナウイルスのワクチンの先行接種が始まった。国立病院機構など全国100か所の医療機関の計約4万人がワクチン接種を受ける予定だ。そのうち2万人を健康調査の対象とし、副反応などを調査する。4月以降には高齢者などを優先に、一般にもワクチン接種が広がっていく見込みだ。

ただ、ワクチン接種に光が差すが、製薬大手の第一三共とのワクチン開発に関わる東京大医科学研究所の石井健教授（ワクチン学）は、日本記者クラブで講演した際、〈感染者がほとんど現れなくなるなど社会的に効果が実感できるようになるまでには最短でも4、5年はかかるとして「すぐに今の生活スタイルが不要になるとは考えづらい」との見解を示した〉（共同通信・2020年12月26日）

働き方に関しては、多くの企業がまだまだ様子見といった状況だろう。

### 共働きで二人の子育ては困難

都内の大手教育関連サービス会社に勤める田沢健二さん（仮名・36歳）は、2020年6月に東京都荒川区から群馬県高崎市に移住した。週2日は自宅でのリモートワークが認められているが、残る3日は出社が必要だ。

田沢さんが移住を考え始めたきっかけは、２０１９年11月に妻が二人目の子どもを妊娠したことだ。田沢さんは話す。

「夫婦共働きで、託児所と保育園をフル活用しても、一人の子どもを育てることは大変だった。二人になるとさらに大変になるから、妻と実家の近くに住みたいねと話していました。ただ、当時は生まれてから考えればいいかという感じで、具体的に物件を探すなどの行動はしていませんでした」

そうした状況のなかで、コロナの感染拡大が始まった。緊急事態宣言が発令されるよりも前に、妊娠中の妻と子どもは群馬県前橋市の実家に避難。確固たる情報がないなか、妊婦への影響があってはいけないと考えたからだ。

「３月末には移住に向けて、妻の実家のある前橋市周辺や東京へのアクセスのいい高崎周辺の賃貸物件を探し始めました。緊急事態宣言が出され、会社もフルリモートになり、本格的に移住に向けて動き始めました」

30軒ほどの家を見て回り、最終的には前橋市に夫婦の求める物件はなく、前橋市にも近い高崎市に希望する物件を見つけた。築35年と古いが、リフォームされており、水回りも最新の設備がついていた。４ＬＤＫの戸建て住宅で、家賃は９万５０００円。駐車スペースも３

台分ついている。延べ床面積は120㎡あり、これならリモートワークのための書斎を確保できるし、二人の子どもがいても窮屈ではない。

「子どもの教育環境も移住先探しの重要なポイントでした。高崎駅周辺は転勤族も多く、英語教育に力を入れるなど、公立学校でも東京に近い水準の教育を行っていると聞いています」

## 保育料が1万5000円上がった

2020年8月に二人目の子どもが生まれ、緊急事態宣言解除後は週に3回、都内の会社に通勤する新しい生活が始まった。新しく借りた新居は高崎駅から徒歩15分程度。自宅から都内の会社まではドア・ツー・ドアで約2時間だ。都心へ向かう在来線は高崎発が多く、座って読書をし、グリーン車を利用すれば集中して仕事に取り組むこともできる。

だが、出社のたびに、一日4時間を通勤に使うのはもったいない。そこで田沢さんは新たな通勤スタイルを考えた。

会社から支給される交通費約4万5000円から定期券は買わず、出社が必要な3日間を都内で過ごす。高崎との往復の回数は減り、その分で浮いた交通費を使って、都内にいる3

日間はホテルを利用する。田沢さんは言う。

「東京で2泊3日する生活になり、仕事後の時間で学生時代の同級生や他社の人と会う機会が増えました」

田沢さんは教育関連サービス会社で主に教材などを開発する仕事を担当しているが、社外の人間と情報交換をすることで、フルリモートでも仕事が成り立つ新しいチャンスを探しているという。

高崎市に移住する前は、東京都荒川区内のアパートに住んでいた。家賃は16万5000円で、広さは60㎡。東京にいた時に比べ、家の広さは2倍以上になったが、全体的な生活費はそれほど変わらないと田沢さんは話す。

「保育料が都内に比べ1万5000円高くなり、会社から支給される住宅手当も2万円から1万円に下がりました。最初はカーシェアのサービスを利用しましたが、使いたいときに必ず使えるわけでもなく、毎回チャイルドシートを取り外すのも面倒で、車を買いました。その維持費や保険料などを考えると、生活費は都心に住んでいた時代とほぼ同じですね」

それでも、車で少し走れば田園風景の広がる高崎市の暮らしに、家族みんなが満足している。いつか、フルリモートで仕事ができるような状況になれば、

「駅前ではなく、雪が多い山間エリアに引っ越したい」

そう、田沢さんは未来を語った。

# 第二章

# コロナで人はどこに動くのか

## 移住希望者の窓口「ふるさと回帰支援センター」

東京・有楽町の駅前の東京交通会館8階にある「ふるさと回帰支援センター」（以下、支援センター）は、日本最大の移住相談センターと言っていいだろう。特定非営利活動法人「100万人のふるさと回帰・循環運動推進・支援センター」が運営しており、関西では「大阪ふるさと暮らし情報センター」（大阪市中央区）で移住相談にあたっている。

支援センターは、2002年11月に全国の消費者団体、労働組合、農林漁業団体、経営団体、民間団体や有志などが一堂に会し、設立された後、2005年から本格的な移住相談業務を開始した。

「都市生活者が地方・農山漁村又は中山間地域に就農・就業あるいは定住・一時滞在することに対して、必要な情報の提供、支援に関する諸事業を行い、地域社会の振興・発展と循環型生活文化の推進による環境の保全を計り、もって国土の均衡ある発展・国民生活の向上に寄与することを目的」（同法人定款より）とし、移住相談業務を中心に、田舎暮らし・移住セミナーの開催（２０２０年は３４９回開催）、情報誌「１００万人のふるさと」の発行などを行っている。

支援センターには、41道府県2市の相談窓口が設置（２０２０年10月1日時点）され、各自治体から出向した専属相談員らが移住希望者の相談にあたっている。資料も豊富に揃い、移住を検討する人にとっては極めて利用価値の高い施設だ。本書の取材でもコロナ前後合わせ32名の移住者に話を聞いたが、その大半が何らかの形で支援センターを利用していた。

セミナー会場やオフィス部分を除き、施設内は自治体別にブースで区切られている。移住先として人気のあるエリアは、いつも人が絶えない。

同法人では、相談来訪者、セミナー参加者を対象に、アンケート調査を実施し、移住希望地ランキング（図表1）を発表している。２０１９年までは上位に同じ顔触れが並ぶが、新型コロナ感染拡大により、移住者の考え方や移住層に変化はあったのか。

２０２０年11月、同法人の高橋公《ひろし》理事長を訪ねた。

## 移住相談者の7割は40代以下

高橋理事長は、地方自治体で働く職員のほか、福祉・医療に関わる民間労働者、臨時・非

## 図表1　移住希望地ランキングの推移

| | 2010年 | 2011年 | 2012年 | 2013年 | 2014年 |
|---|---|---|---|---|---|
| 1位 | 福島県 | 長野県 | 長野県 | 長野県 | 山梨県 |
| 2位 | 長野県 | 福島県 | 岡山県 | 山梨県 | 長野県 |
| 3位 | 千葉県 | 千葉県 | 福島県 | 岡山県 | 岡山県 |
| 4位 | 岩手県 | 茨城県 | 香川県 | 福島県 | 福島県 |
| 5位 | 山形県 | 岩手県 | 千葉県 | 熊本県 | 新潟県 |
| 6位 | 茨城県 | 大分県 | 島根県 | 高知県 | 熊本県 |
| 7位 | 宮城県 | 富山県 | 大分県 | 富山県 | 静岡県 |
| 8位 | 山梨県 | 熊本県 | 鳥取県 | 群馬県 | 島根県 |
| 9位 | 静岡県 | 秋田県<br>宮崎県 | 宮崎県 | 香川県 | 富山県 |
| 10位 | 宮崎県 | | 和歌山県 | 鹿児島県 | 香川県 |

| | 2015年 | 2016年 | 2017年 | 2018年 | 2019年 |
|---|---|---|---|---|---|
| 1位 | 長野県 | 山梨県 | 長野県 | 長野県 | 長野県 |
| 2位 | 山梨県 | 長野県 | 山梨県 | 静岡県 | 広島県 |
| 3位 | 島根県 | 静岡県 | 静岡県 | 北海道 | 静岡県 |
| 4位 | 静岡県 | 広島県 | 広島県 | 山梨県 | 北海道 |
| 5位 | 岡山県 | 福岡県 | 新潟県 | 新潟県 | 山梨県 |
| 6位 | 広島県 | 岡山県 | 福岡県 | 広島県 | 福岡県 |
| 7位 | 高知県 | 大分県 | 岡山県 | 福岡県 | 新潟県 |
| 8位 | 秋田県 | 新潟県 | 福島県 | 富山県 | 佐賀県 |
| 9位 | 大分県 | 長崎県 | 宮崎県 | 宮崎県 | 高知県 |
| 10位 | 宮崎県 | 宮崎県 | 富山県 | 福島県<br>佐賀県<br>大分県 | 愛媛県 |

出典：ふるさと回帰支援センター「移住地希望ランキング」

常勤職員などの公共サービスで働く労働者の組合が結集する労働組合「全日本自治団体労働組合」（自治労）の出身。１９９７年に日本労働組合総連合会（連合）へ出向し、連合勤務を

**図表2　ふるさと回帰支援センター利用者の年代の推移**

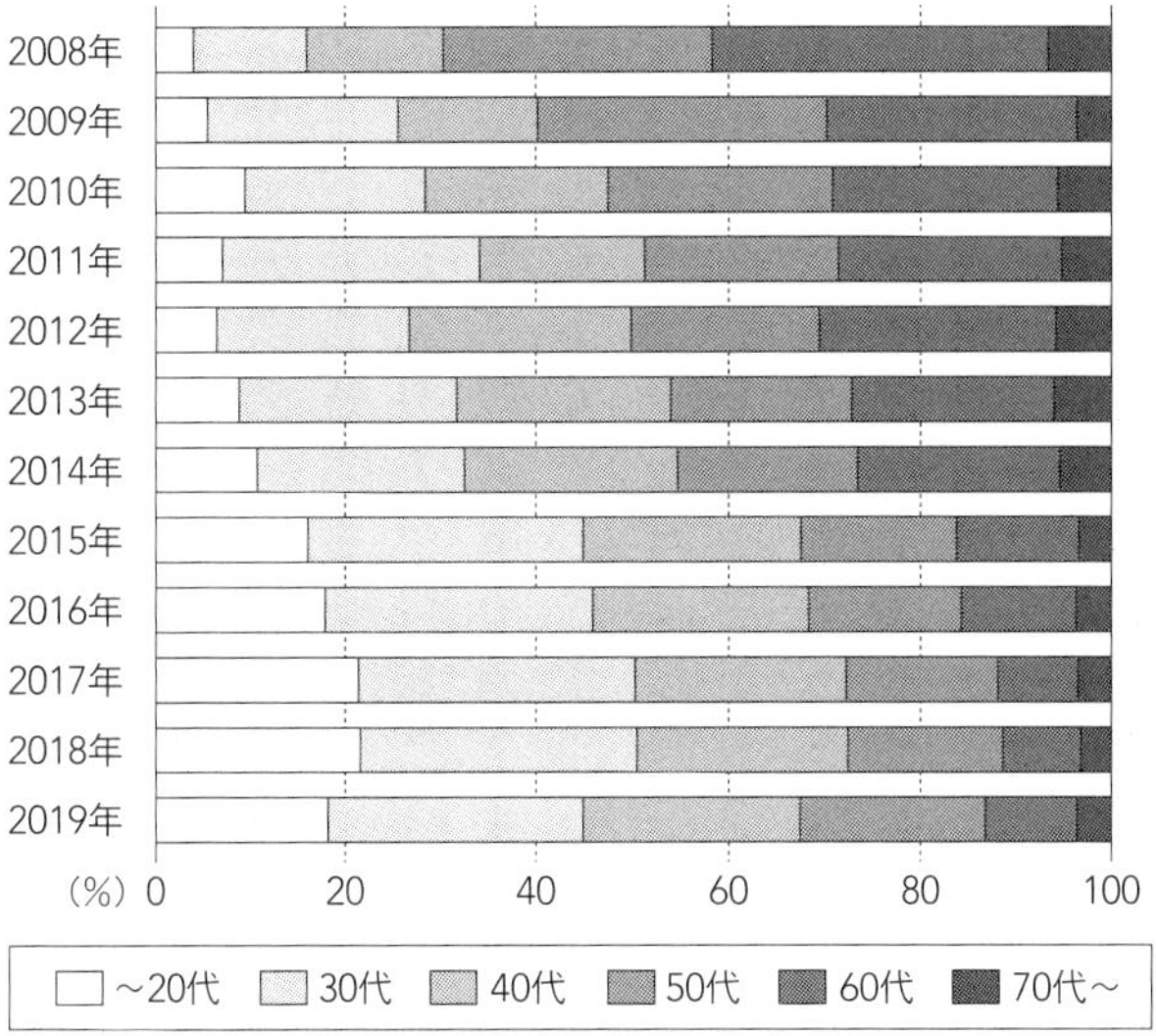


出典：「ふるさと回帰支援センターの現状について」（2020年10月）

経て、２００２年の設立から事務局長として活動に携わっている。２０１７年に理事長に就任した。

新型コロナ感染拡大の影響で高まる移住熱。高橋理事長は、どう捉えているのか。

まずは、新型コロナ感染拡大以前の状況をこう話した。

「かつては仕事を求めて地方から人が東京に流れて来ましたが、今や働く人の４割の雇用が、不安定な非正規労働者になりました。東京で働く魅力が薄れ、リーマン・ショック以降は移住者の主役がシニア世代から働く世代に変わってきています。支援センターの利用者は、2008年には7割が50代以上でしたが、2017年には逆転して40代以下が7割を占めています（図表2）」

移住者の主役がシニア層から働く世代に変わることで、前出の移住希望地ランキングにも変化が見て取れるという。高橋理事長が続ける。

「働く世代は老後の蓄えで移住するわけではなく、仕事が必要になります。おのずと移住先はシニアが好む風光明媚な中山間地域ではなく、地方都市になります。就労の場があるか否かが移住者の最大の関心ごとになっています。何かあればすぐに東京に戻れる長野県や山梨県、静岡県などが定番的な人気ですが、移住地としてはイメージしづらかった大都市圏の広島なども順位を上げています」

支援センターが2019年に行った来場者アンケート（6351人が対象）によれば、移住先選択の条件（複数回答）は上位から、就労の場があること（63％）、自然環境がいいこと（31・9％）、住居があること（24・6％）、交通の便がいいこと（16・3％）、気候がいいこと（16・3％）が並ぶ。

## コロナ下の移住相談増加トップは茨城県

移住者の主役が働く世代になり、その最大の懸念事項だった「就労の場」が、コロナ下のリモートワークの普及により、解決の兆しが見えてきた。それこそが、コロナ移住者を突き動かす移住熱の源泉なのだろう。

東京都の小池百合子知事は２０２０年３月25日、都庁で緊急会見を開き、不要不急の外出の自粛を要請した。４月７日には政府が７都府県を対象に、緊急事態宣言を発令。それを受け、支援センターも４月９日から６月１日までは臨時休館となった。セミナーなどのイベントは中止され、電話とメールのみでの移住相談体制になった。

当然、前年と比べた全体の相談件数は減っているが、「三密」を避けたメールや電話での相談件数は増えている。ホームページの閲覧数も軒並み前年を上回った。高橋理事長はコロナによる移住への関心の高まりを、確かに感じている。

「これまで移住を検討していた人が、背中を押された感じです。メールや電話の相談が中心となりましたが、本気度が違います。リモートワークがコロナ後も拡大していくとは限りませんが、もうコロナ前の状況には戻らないでしょう。生きるという本質的なところで、コロナが暮らし方や働き方などを考える起点になっています」

興味深いのは、コロナ下の移住人気エリアの変化だ。高橋理事長は都道府県別の移住相談数の変化に注目する。

「お父さんもお母さんも在宅勤務で、子どももオンラインで授業を受ける。家賃の高い東京の家では窮屈です。在宅勤務の増加で毎日会社に行く必要がなくなり、東京から少し離れてもいいから、大きな家に住みたいという需要が多い。東京へのアクセスのいい、東京を中心とした100〜150㎞圏内の地方都市の人気が上がっています」

それは、都道府県別の相談件数に、顕著に現れている。

2020年6月から9月の相談数（電話・メール・相談）を都道府県別に見ると、前年を大きく上回るのは東京に隣接する茨城県（前年比2倍）、神奈川県（前年比1・6倍）、群馬県（前年比1・5倍）、山梨県（前年比1・8倍）だ。また、大阪府に隣接する和歌山県が前年比1・5倍、愛知県に隣接する岐阜県、三重県も前年比1・5倍と増えている。

毎年、民間調査会社のブランド総合研究所（東京都港区）が発表する「都道府県魅力度ランキング」は、その順位をめぐって全国的な注目を集める。2020年10月14日に発表された最新の調査（図表3）では、7年連続最下位だった茨城県がその定位置を抜け出したことに注目が集まったが、コロナ下の都道府県別移住相談が最も増えていることは興味深い事実だ。

## 図表3　都道府県魅力度ランキング

（　）内は前年順位

| 順位 | 都道府県名 | 点数 |
|---|---|---|
| 1（1） | 北海道 | 60.8 |
| 2（2） | 京都府 | 49.9 |
| 3（4） | 沖縄県 | 44.1 |
| 4（3） | 東京都 | 36.4 |
| 5（5） | 神奈川県 | 34.7 |
| 6（6） | 大阪府 | 31.9 |
| 7（7） | 奈良県 | 30.6 |
| 8（10） | 長野県 | 30.5 |
| 9（8） | 福岡県 | 29.6 |
| 10（9） | 石川県 | 29.2 |
| 11（11） | 長崎県 | 25.9 |
| 12（12） | 兵庫県 | 23.7 |
| 13（14） | 宮城県 | 23.0 |
| 14（13） | 静岡県 | 21.9 |
| （20） | 青森県 | 21.9 |
| 16（16） | 愛知県 | 21.6 |
| 17（19） | 鹿児島県 | 21.2 |
| 18（15） | 広島県 | 20.2 |
| （17） | 熊本県 | 20.2 |
| 20（21） | 秋田県 | 20.0 |
| 21（18） | 千葉県 | 19.6 |
| 22（28） | 宮崎県 | 18.6 |
| 23（22） | 大分県 | 18.4 |
| 24（30） | 愛媛県 | 17.8 |
| （33） | 香川県 | 17.8 |
| 26（24） | 富山県 | 17.1 |
| 27（23） | 山梨県 | 16.9 |
| 28（29） | 新潟県 | 16.6 |
| （34） | 和歌山県 | 16.6 |
| 30（32） | 島根県 | 16.2 |
| 31（25） | 三重県 | 15.8 |
| 32（37） | 山口県 | 15.5 |
| 33（25） | 福島県 | 15.4 |
| （39） | 岡山県 | 15.4 |
| 35（30） | 岩手県 | 15.2 |
| 36（35） | 高知県 | 15.0 |
| 37（39） | 滋賀県 | 14.3 |
| 38（41） | 埼玉県 | 14.1 |
| 39（27） | 山形県 | 13.9 |
| 40（41） | 鳥取県 | 13.4 |
| （45） | 群馬県 | 13.4 |
| 42（36） | 岐阜県 | 13.1 |
| （47） | 茨城県 | 13.1 |
| 44（37） | 福井県 | 13.0 |
| 45（46） | 佐賀県 | 12.5 |
| 46（44） | 徳島県 | 12.1 |
| 47（43） | 栃木県 | 11.4 |

出典：ブランド総合研究所「都道府県魅力度ランキング2020」

「近い将来、有効なワクチンが開発され、コロナが一気に収束する可能性もある。仕事場は東京、大阪、名古屋の大都市に残しておきながら、通勤圏内ギリギリに移住先を探す傾向が強くなっています」（高橋理事長）

確かに、第一章でコロナ移住者の証言を紹介したが、関上さんを除くコロナ移住者は高い家賃や満員電車など、東京的な高コストで密な暮らしは「捨てたい」一方、収入の柱としての東京は「捨てられない」事情が交差していた。

**移住というよりかは引越し**

前年比2倍の移住相談を受ける支援センター内の茨城県のブースを訪ねた。

移住相談員は人気を集める背景をこう話した。

「特に茨城県内でもつくば市など県南地域への移住相談が多く、東京からの近さが優位に働いていることが一つの要因かと感じています。海も山もあるのんびりとした環境でありながらも、1〜3時間で首都圏へ出られる距離の近さが、茨城県特有のポイントになっていると思います」

相談者からは、

「東京や首都圏でできた縁を切りたくない」

「何かあったらすぐ東京に出られる場所を探している」

「毎日会社に行く必要がなくなった」

コロナ前は聞かれなかった声が聞かれると言う。

国立の筑波大学があり、教育環境が整ったつくば市が圧倒的な人気で、秋葉原駅（東京都千代田区）とつくば駅（茨城県つくば市）を結ぶ鉄道路線「つくばエクスプレス」沿線上の守谷市も人気があると言う。つくばエクスプレスは秋葉原〜つくば間を45分（快速の場合）で結ぶ。

また、JRの在来線快速に乗れば東京の玄関口「上野」まで約40分の取手《とりで》市にも注目が集まっている。移住相談員はこう話した。

「がらりとライフスタイルを変えるというよりかは、引越しに近い感覚です」

支援センターでは圧倒的な人気というつくば市だが、確かに人口20万人以上の中核都市で、〝移住〟というイメージは湧かない。コロナ下で注目を浴びていることを、市は把握していなかった。

つくば市・市長公室広報戦略課の担当者は、

「市としての移住に対する特別な支援策はなく、移住に関する相談も週に1回程度です。都心と直結する交通インフラがあり、都心部より安く不動産を入手できることで、つくば市に注目が集まっているのではないでしょうか」

支援センターでは東京に隣接する人気の自治体のブースを訪れたが、どこも東京へのアクセスの良さが人気の理由で、ある程度、生活環境も整った地方都市の関心が高い。

神奈川県小田原市では、市の移住窓口への問い合わせが前年比2倍以上に増えた。小田原市広報広聴課・都市セールス係の高橋良輔さんは話す。

「新幹線なら約30分、在来線でも約1時間と、都心への近さをアピールしてきたことが、コロナによる働き方の変化にマッチした印象です。小田原には海も山もあり、自然豊かな環境ですが、駅周辺には商業施設がコンパクトに集まっています。程よい田舎感が都会の人に受けているように感じます」

**名古屋でも隣接県に注目が**

東京のみならず、名古屋や大阪などの大都市圏周辺でも、コロナ下で人の動きが活発になっているようだ。

愛知県に隣接する岐阜県では、コロナの影響で県外から移住してきた人を対象とする県独自の補助金「清流の国ぎふ移住支援補助金」を創設した。

「2020年9月1日以降に、岐阜県以外から岐阜県へ移住し、5年以上継続して居住する意思のある方」を対象に、単身世帯は30万円、2人以上世帯には50万円を支給する。岐阜県地域振興課は250件（総支給額1億5000万円程度）の制度利用を見込んでいる。岐阜県は人口の県外流出が止まらず、2019年の年間転出者は4万7746人に上り、15年連続で転入者数を上回った。コロナ下で高まる移住熱を取り込む狙いだ。

2020年10月1日から申請の受付を開始したが、11月24日時点で問い合わせが約150件、申請は71人と、注目を集めている。担当者はこう話す。

「名古屋へのアクセスのいい岐阜市や、自然環境豊かな高山市が人気です。移住に関する問い合わせは例年の1・2倍以上で、これまでは愛知県からの移住相談が多かったのですが、東京圏からの相談も増えています。岐阜県内で働くことを条件の一つとしていますが、リモートワークなどで県外の会社に勤務する場合も認める方向です」

## パソナ本社移転報道で注目の淡路島

西に目を向ければ、筆者が暮らす淡路島もコロナ移住で注目を集める場所の一つだ。兵庫県淡路県民局からの委託事業として「あわじ暮らし総合相談窓口」を開設し、移住相談をするNPO法人あわじFANクラブの赤松清子・専務理事は話す。

「新型コロナ感染の第二波がおさまり始めた2020年9月、10月は例年の1・5〜2倍以上の移住相談を受け、大阪と兵庫県内からの相談者が全体の約60%を占め、関東からの相談も約15%ありました。淡路島は古代から平安時代頃まで『御食国《みけつくに》』と呼ばれ、朝廷に食材を献上した地域とされるほど、海・山・田畑の恵みも豊かな地域で、食料自給率が100%を超えます」

自然豊か、という意味では、他にも劣らず魅力的な地方都市はあるだろうが、淡路島には「地方」と呼ぶだけには収まらない魅力がある。より正確に言えば、本社の主要機能を移すと発表した人材サービス大手のパソナグループ（東京都千代田区）が事務所を置き、筆者が暮らす淡路島北部の淡路市の魅力だ。

それは「奇跡のソーシャルディスタンス」とも言うべき、都会からの近さだ。神戸の中心地・三宮までは約40㎞。明石海峡大橋を渡り、時間にして車で約40分程度だ。大阪までも1

時間程度と、通勤圏内と言える。

淡路市最大の東浦バスターミナルからは、通勤・通学時間の午前7時台は1時間に4本の高速バスが出ている。東浦バスターミナルと三宮間の乗車料金は片道950円で、通勤定期は1か月当たり3万9900円（本四海峡バス）だ。

地方ではどうしてもショッピングや外食の選択肢が限られるが、橋を渡ればそこは大都会・神戸。その中心地・三宮から東浦バスターミナルへの終バスは平日23時発。三宮の繁華街でお酒を飲んでも、十分に帰ることができるのだ。

## 通勤高速バスが1時間に17本

都市部へのアクセスの良さがコロナ移住のキーワードであることは間違いないが、そのアクセス手段は電車だけではない。コロナ前から「高速バス通勤」で首都圏在住者の取り込みに成功した自治体がある。

航空会社に勤務する田端真也さん（33歳）と妻の彩花さん（32歳）は2017年11月、東京都大田区から千葉県木更津市内に移住した。彩花さんは話す。

「のびのび子育てができる環境を探していました。木更津市は3歳の娘が好きなマザー牧場

（千葉県富津市）に行く時の通り道で、都内のセカセカした感じがなく、気になっていました。調べるうちに高速バスがたくさん走っていることを知り、通勤にも問題ないと感じました」

人口減少が止まらなかった木更津市だが、１９９７年に神奈川県川崎市から東京湾を横断して千葉県木更津市を繋ぐ高速道路「東京湾アクアライン」が開通し、都心への道が開けた。２００９年に通行料金が８００円に値下がりし、２０１２年には三井アウトレットパークが誕生したことなどから、首都圏からの往来者が増えた。

首都圏からの注目が高まると同時に、バスの路線や本数も増加。都心へ１時間以内に出られるアクセスの良さから、木更津市や周辺の袖ケ浦市などへの移住者が増え、子育て世代が増加、木更津市では２０１４年に小学校が33年ぶりに新たに開校した。

木更津市最大のバスターミナル「チバスタアクア金田」からは、朝の通勤ラッシュ時の７時台は最も本数が多く、東京駅行きのバスが1時間に17本も走っている。東京駅だけではなく、羽田や品川、新宿、渋谷への直行便もある。

木更津駅から東京駅まで電車なら約1時間20分かかるが、高速バスなら約40分。片道料金も電車なら１３４０円、高速バスなら１３００円（木更津金田バスターミナル〜東京駅八重洲口）と、高速バスのほうが安い。通勤定期も発行しており、１か月の通勤定期代は４万５７

20円だ。夫の真也さんの勤務先は羽田空港内にあり、

「高速バスに乗車するのは20分程度で、うたた寝する時間もありません」

真也さんは移住当初、不動産購入に否定的だったが、

都心への通勤客で列をなす朝の木更津市内最大のバスターミナル「チバスタアクア金田」

「今後も人口が増えていくエリアで、将来的には賃貸物件として貸し出せるかもしれない」
自宅の購入を決意し、木更津市内の分譲地に土地57坪、建坪30坪、２階建て３ＬＤＫの一軒家を２８５０万円で購入した。移住前は東京・大田区内の１ＬＤＫ、家賃12万円の賃貸マンションに住んでいたが、現在は月々７万円のローン返済で、負担も軽くなった。
木更津市内の地元不動産会社はこう話す。
「コロナの影響で都心へのアクセスがいい木更津市により注目が集まっています。以前は県内の方の相談が全体の７割でしたが、２０２０年４月以降は30代の子育て世代を中心に、首都圏の方からの相談が全体の７割と逆転

しています」

２０２０年７月には木更津市内に大型スーパー「コストコ」もオープンするなど、首都圏からの人口流入で商業施設が増え、注目は高まるばかりだと言う。

## 大阪では失業をきっかけとした移住

ただ、コロナの影響で低密な地方への移住が全国的に進んでいるかと言えば、そうでもないようだ。これまで見てきたように、コロナ移住者の多くは、就業の場を東京圏に持ちながら、電車や車で１時間～１時間半以内の場所に移動する「リモートワーク移住」だ。これこそがコロナ移住の正体であり、従来の移住者とは動きが違う。リモートワークの導入には地域差があり、首都圏のようにリモートワーク移住者がたくさんいるわけではない。

生命保険会社大手・日本生命保険が全国の５５６３社から回答を得たアンケート調査（ニッセイ景況アンケート調査）によれば、従業員１０００人超えの大企業のリモートワークの導入率が67・３％だったのに対し、従業員３００人以下の中小企業は21・３％だった。リモートワークを導入していると回答した企業では、その頻度が週平均「１回」が35・６％と最多で、次に「２日」が28・６％と続いた。

着目すべきは、勤務地によりリモートワークの実施率が大きく異なることだ。関東に本社を置く企業の41％が「実施している」と回答したのに対し、近畿は29％に留まる。全国平均は25％で、最低は東北の９％だった。やはり、コロナ移住は東京圏が中心であることは間違いない。この章の冒頭で支援センターを取り上げたが、その大阪拠点である「大阪ふるさと暮らし情報センター」所長の山口勝己さんは、こう話すのだ。

「新型コロナ感染拡大後のリモートワークの普及で移住者が増えているかと言えば、大阪ではそうした理由での移住はほとんど見受けられません。大阪の場合は、失業に伴う転職を機に移住を考えるケースが大半です」

そして、こう続けた。

「コロナと移住を短絡的に結びつけるのではなく、コロナをきっかけに移住を考え出した人の心の奥底を見つめ直す必要があり、本当にその解が移住でいいのかも慎重に考えるべきです」

**働き方評論家はより都心に**

コロナ下に、むしろ、都心に居を移した人もいる。

千葉商科大学准教授で、『「就活」と日本社会』（NHK出版）など働き方に関する著書が多数ある働き方評論家の常見陽平さん（46歳）は、2020年7月に東京都墨田区から、大田区に引っ越した。それまでの住まいの売却を考え始めたのは2020年当初だが、実際に動き出したのは緊急事態宣言発令後のことだ。勤務先の大学からも遠くなり、コロナ化で地方移住への関心が高まるなか、なぜ、より密となる都心への引越しを決めたのか。

きっかけは子育てだったという。常見さんには3歳の娘がいる。本書で取り上げたコロナ移住者の大半も移住のきっかけに子育てを挙げたが、常見さんの考え方は違う。

「刺激と安らぎのある場所で娘を育てたいと考えたのが、一番のきっかけです。以前住んでいた墨田区は、まだ東京の下町風景の残るいい場所でした。いい子には育つかもしれませんが、いい子であるだけでは社会の荒波に打ち勝っていけません。会社組織のなかでも、本人の能力より、どんなことにも動じない人間が評価されたりします。帰国子女やTOEIC900点なんて言葉に引け目を感じないようにするには、小さい頃から刺激のある環境で育てたいと考えました」

常見さんが以前住んでいたのは墨田区内の2LDKのマンション（75㎡）。元の間取りは3LDKだったが、間仕切りを取り、2LDKとして使っていた。

築15年の低層階のマンションが売れるのか——。不動産会社を通して物件を公開し、緊急事態宣言解除後から物件見学の予約を開始した。売却までに1年ほどかかると想定していたが、あっさりと二組目の見学者で売却が決まった。子育て世代の若い夫婦だった。それも、購入時（３４００万円）より高い値段で売れた。

## 地方の学生にチャンスが生まれる

常見さんは「ギラギラした渋谷区」周辺に家を探し、水害リスクが低い大田区の高台エリアに戸建て住宅を買った。間取りは４ＬＤＫで、２階建てだが、半地下に駐車場もある。仲介手数料や新たに買い入れた家具の費用も含めると、８０００万円を超える買い物になった。「まだローン組めるんだ。買っちゃえ！っと。コロナ下で、マンションでのリモートワークは難しかった。隣で妻がオンラインミーティングしている横で、私はオンライン講義。部屋数が増え、出歩かなくなった分、家の中にお金をかけるようにもなりました」

コロナが収束すれば、働き方は劇的に変化するのか。常見さんは懐疑的だ。

「リモートワークを推奨し、積極的に推し進めているのは、まだ一部の意識の高い大企業に限られます。働く側にとっても、会社はオフィス機材が揃っているし、話したいことがあれば直接すぐに話ができます。リモートワークの普及が進むIT業界でも、緊急事態宣言解除後にサイバーエージェントが原則出社に戻すなど、その対応は企業により様々です。リモートワークか否かではなく、うまく組み合わせる方向に向かうのではないでしょうか」

ただ、対面でやる仕事と、リモートワークでできる仕事、これが今後、明確に分けられていくだろうと、常見さんは話す。リモートでは対応できない介護などのエッセンシャルワーカーとの二極化が課題として浮かび上がるが、コロナにより縮まった二極化もある。

「地方の学生はこれまで就活時の宿泊費の負担など、都市部の学生に比べ大きな負担がかかり、その分、チャンスを失っていた部分もあった。その点、2021年就活は7割方の企業がオンラインでの採用を実施しています」

就職支援大手ディスコ（東京都文京区）による「キャリタス就活2021学生モニター調査」によれば、就職活動にかかった費用は前年の13万6867円から9万7535円と同社調査では初めて10万円を切り、就職活動そのものの負担は下がっている。

常見さんは言う。

「東京に隣接する三県への移住は私の周辺でも耳にするようになりましたが、実際にコロナをきっかけに移住する人はまだまだ限定的ではないでしょうか。大手企業の本社機能は東京圏に集中し、フルリモートに切り替えるような会社はまだごく一部です」

## 不動産業界「駅近より広さ」

不動産業界を見ても、東京を中心とする首都圏の需要は大きく変わらない。

不動産経済研究所の「首都圏・近畿圏マンション市場予測」によれば、２０２０年１～11月の平均価格は６２５４万円で、１９９０年以来二度目の平均６０００万円台に。マンション供給数は、２０２０年は前年比21・９％減の２・44万戸の見込みだが、２０２１年は前年比31・１％増の３・２万戸とコロナ以前の水準に戻る見通しだ。

全国の不動産事情に詳しい住宅評論家の櫻井幸雄さんは、都心や駅近志向はコロナ下でも変わらず、リモートワークの普及で、優先事項が「駅近」から「広さ」に変わり、都内ではこれまで注目されなかったエリアまで需要が広がっていると話す。

「緊急事態宣言が出た当時は、これからはリモートワークが普及していくのではないかと期待する人が多く、広い家を探して東京近郊の郊外都市に人気が集まりました」

具体的には、神奈川県なら相模原市、藤沢市、埼玉県ならさいたま市緑区、東京都なら多摩ニュータウン、千葉県なら千葉市、柏市、松戸市などに注目が集まったという。

しかし、緊急事態宣言が解除され、感染者数も減ってくると、状況は一変。出社が求められ、再びコロナ前の社会に戻るのではないかという空気感が強くなった。

住宅需要にも変化があったと、櫻井さんは話す。

「郊外からでは通勤時間がかかり、密な状態に長くいることから、自宅に帰るとばい菌扱いされてしまいます。そこで注目されるようになったのが、江東区南砂や北区赤羽など、23区の外側のエリアです。駅前は高いですが、駅から徒歩15分以上となると、価格が下がります。これまでは『駅近』が最優先事項でしたが、そこは我慢して『広さ』を求める動きが強まっています」

## 山手線の外側にマンション需要が拡大

現在、広い家を求めて動いているのは、30～40代の若い子育て世代が中心だ。コロナによる雇用不安もあり、5000万円を超えるような大きなローンは組みたくない。

櫻井さんは「コロナの見通しが立たず、給料が減るんじゃないか、解雇されるのではないかといった不安が大きくなっています」と指摘する。

「ボリュームゾーンの世帯年収600～800万円のお子さんが一人いる世帯で、無理をせずにローンが組める4000万円台の物件が人気です。そうなると、必然的に山手線の外側、それも、駅から遠い場所になります。3000万円台だと、自宅内で快適なリモートワークをする広さを確保するのは難しい」

間取りで言えば、3LDK以上。さらに言えば、戸建て住宅が人気だが、マンション以上に高額になってしまう。中古でもいいから戸建て住宅をと思うかもしれないが、

「築20年を超えると、35年ローンが組めません。そのため、毎月の返済が高くなる。金融機関は耐用年数を考え、30年後に使い物にならないと判断されると、長期のローンが組めなくなるのです。その点、新築物件はローンが組みやすい。今は金利が安いため、4000万円前後で35年ローンを組めば、月々の返済が10万円前後。都心の賃貸住宅より負担は低くなります」（櫻井さん）

首都圏の新築物件のなかには、マンション内にコワーキングスペースを設置した物件など、ポストコロナ社会を睨んだ物件も出てきているという。

一方、中古売買では売り手市場の状況があると、櫻井さんは言う。

「お金に困り、売り出す人が多いだろうと、コロナ後に投資家のマンション投資欲が上がっています。売り物がないか探している状態です。これに対し、売る人は『今売ったら、足元

を見られ、買い叩かれる』と思い、売り出し件数が大幅に減少。その結果、逆に中古物件の取引価格が上がるという現象が起きています。なので、今は売り手市場と言えるのです」

## 従来の移住者とは違ったコロナ移住者の動き

従来の移住者とコロナ移住者の動きの違いは、移住人気県の様子からも見て取れる。

前出の支援センターによる「移住希望地ランキング」では10年連続でベスト3入りし、移住者から最も人気を集めてきた長野県だが、コロナ下でその移住者人気に拍車がかかっているかというと、そうでもないようだ。

長野県北部に位置する飯山市は、前出の高橋公・支援センター理事長によれば「地方移住者受け入れの先駆けで、移住者受け入れに最も積極的な自治体」の一つだ。自治体が発表する移住者数は単純に転入者数をカウントするところもあれば、自治体の移住支援機関を通した移住者だけをカウントするところもある。基準があいまいなことから、移住者数を公表したがらない自治体が多いが、移住支援関係者の声をまとめると「年間100人を超えれば、大成功と言える」状況だ。

飯山市では市の移住支援を通した移住者が2019年度、120人に達した。前年度も1

09人が移住してきており、長野県下で最も人気のある移住先の一つと言える。コロナ下で、従来の移住支援に加え、家具、家電完備の「ワーケーション」のためのお試し住宅を準備するなど、リモートワーク普及の動きも取り込もうと試みるが、大きな反応はないという。

ワーケーションとは、「ワーク」と「バケーション」を組み合わせた造語で、観光地やリゾート地でリモートワークを活用し、働きながら休暇をとる過ごし方のことだ。環境省は令和2年度補正予算に22億円を盛り込み、通信環境の整備やツアー事業者などに補助金を準備するなど、コロナ下の新しい生き方として推進している。

飯山市ではこうしたコロナ下の新たな移住熱を取り込む施策も準備するが、飯山市の移住担当者はコロナで移住希望者が増えているわけではないと話す。

「コロナの影響で移動に制限がかかる上、関心があっても感染者の多い東京から下見に来ることをためらう人が多い。移住はライフスタイルの転換であって、インターネットで服やゲームを買うのとはわけが違います。事前に足を運び、じっくりと考えて決断するものです。移住者数は前年並みになりそうですが、コロナの影響で移住者が特別増えているわけではありません」（飯山市移住定住推進課の担当者）

担当者は、続けてこんな分析もする。

「東京へのアクセスの良さが長野県の移住人気の一つの要因ではありますが、例えば北陸新幹線の飯山駅から東京駅までは最速で1時間39分。原則リモートワークで、月1、2回ほどの出社を求められる程度なら問題ないでしょうが、そうでなければ、少し遠く感じるのかもしれません」

**開口一番「補助金はありますか？」**

浅間山、八ヶ岳など雄大な山並みに抱かれ、別荘地として知られる軽井沢町に隣接する佐久市も長野県下の人気移住地の一つだ。北陸新幹線の佐久平駅から東京駅までは約75分と、都心へのアクセスもいい。２０１９年中の人口流出数と流入数の差による社会増減は、長野県下の19市中、14市は前年比で社会減となるなか、佐久市は１６８人増だ。

コロナ下の移住熱の高まりを受けて、リモートワーク支援金（５万円）や新幹線乗車券の購入費の補助（月額上限2万５０００円）などの「リモートワーク実践者スタートアップ支援金」を創設したり、オンライン移住セミナーを実施したりするが、行政の窓口を介した移住者数は伸び悩んでいる。

移住相談自体も減っている。コロナ下で移動制限がかかるなか、２０２０年4月から11月の移住相談の来庁者数は前年同期間の115人を下回る75人となることは理解できるが、非対面の電話の相談件数も減少している。同時期で比べ、電話相談は2019年の264人から236人に、メール相談は157人から92人に減っている。

佐久市の移住相談員の濱《はま》二郎さんはこう話す。

「地方に目が向いていることは感じますが、感染者の多い首都圏から来ると受け入れられるのだろうかという不安があるのでしょう。コロナの先行きが見通せないなか、佐久市も含めた各自治体がオンラインでの移住相談にも対応していますが、現地視察が十分にできない状況下で、移住に踏み切れないものと思われます」

その一方で、濱さんはこんな指摘をした。

「コロナ下の状況として顕著なのは、若い世代を中心に『どんな支援がありますか？』などと、移住の経済的メリットを聞いてくる人が増えたことです。各自治体の支援を見比べているようです」

本書の取材のなかで、自治体関係者から同様の話を多く耳にした。移住者の人気の高い神奈川県のある自治体関係者は匿名を条件に現場の状況をこう説明した。

「開口一番『補助金はありますか？』などといった相談が増えている。ただ、そうした人はお金の切れ目が縁の切れ目で、定住につながらず、自治体としては歓迎できない」

## のどから手が出るほど欲しいコロナ移住者

そうした声が聞こえてくる背景には、人口減少を食い止められない地方自治体が、首都圏の移住者を獲得するチャンスだと、様々な補助金を創設したり、受け入れ施設を整備したりして、続々と新たな移住支援策を打ち出している実態がある。東日本の人口5万人以下の町の自治体職員はこんな本音を話した。

「首都圏での仕事を持ちながら移住してくるコロナ移住者は総じて所得も高く、住民税(市町村民税)が高くなります。彼らが生活し、消費することで、町の経済も潤います。人口が増えれば、その分、地方交付税だって高くなります。多少のサービスをしても、その費用はすぐに回収できる」

自治体は行政サービスや地域住民の健康で文化的な生活を維持するためにかかる運営費用を、自治体の給料にあたる地方税と国からの仕送りにあたる地方交付税で賄っている。自治体の運営費用を国からの地方交付税に頼らず、地方税だけでカバーする東京都などの例外はあるが、不足する自治体の標準的な運営費用は、国が地方交付税という形で補うことになっている。

自治体の給料にあたる地方税のなかで、最も大きな比率を占めるのが住民税だ。住民税は1月1日時点で住民票を置く自治体から課税され、たとえ、勤務先が東京にあろうとも、納税先は居住する自治体になる。

住民税は納税者が均等に負担する「均等割」と所得金額に応じて負担する「所得割」から成るが、いずれも都道府県差が出ないように標準税率が決められており、所得割の標準税率は10％（市町村税6％＋都道府県税4％）だ。

ただ、首都圏に仕事を持ちながら移住する「リモートワーク移住者」はその元となる所得金額が大きい。納税義務者一人当たりの課税対象所得を都道府県別に見ると、全国平均は約340万円だが、東京都は約450万円と飛びぬけて高い。次点の神奈川県でも約384万円だ。所得水準の高い東京で働きながら移住する「リモートワーク移住者」は、地方にとっては「のどから手が出るほど欲しい」（前出の自治体関係者）存在なのだ。

## パソナ本社移転のインパクト

税収が増えれば、住民サービスも向上し、自治体独自の施策にも取り組める。地方財政に詳しい立命館大学の森裕之教授（財政学・都市経済学）はこう解説する。

「地方税が増えれば、その分、地方交付税が減るわけではありません。地方税の75％が自治体の収入とみなす運用がなされており、残る25％は『留保財源』となります」

例えば、ある自治体の地方税が80万円から１００万円に増えたとする。増えた20万円分、地方交付税が減額されるわけではない。自治体の収入とみなされるのは60万円（80万円×75％）から75万円（１００万円×75％）で、増額は15万円。残る５万円は留保財源として、自治体が自由に使えるお金になる。

森教授は、コロナ移住は「自治体にとってチャンスと映るだろう」と話す。

「人口が減ると、税収だけではなく、地方交付税も減ります。地方交付税の算定基準の約７割は人口関連です。また、リタイア層の移住の場合には福祉や医療の経費がかかる面がありますが、現役世代の移住ではそのような心配はない。所得が高い都市部からのコロナ移住者が増えれば市町村税収が上がり、起業して雇用を生むなどのシナジー効果も期待できます」

筆者の暮らす淡路市の決算状況（令和元年度）を見ると、一般会計における市の収入（歳入）は２９７億５１１９万円で、市が独自に確保できる自主財源は約３割。その自主財源の約６割が市税だ。自治体財政の主な指標である「財政力指数」を見ると、都道府県平均は

0・521だが、淡路市は平均を下回る0・346と、財政力は弱い。

財政力指数とは、簡単に言えば、国の地方交付税等に頼らず、自らの税収で自治体の運営を行えているか否かを示す指数で、1、またそれ以上だと留保財源が大きく、財政に余裕がある状況になる。

そんな脆弱な財政基盤の淡路市が、全国的な話題になった。前述のように人材サービス大手のパソナグループが、東京都千代田区にある本社の主要機能を移すことを明らかにし、2024年5月末までに東京本社に勤める人事や広報、経営企画などの社員1800人のうち、1200人を淡路島に移すと発表したのだ。今すぐ1200人が移住するというわけではないが、コロナ以降に起きた最もシンボリックな東京圏からの人口移動と言えるだろう。

淡路市の門康彦市長はパソナグループの本社移転発表を受け、朝日新聞のインタビュー（朝日新聞・2020年11月9日大阪地方版／兵庫）にこう答えている。

――1200人移転の感想は。

「歓迎だ。淡路市が15年前に合併で誕生した際は人口が約5万1000人だったが、今は約4万3000人に減っている。市の施策は人口の確保が一番のポイントで、それには企業誘致が重要だ。パソナの進出はわれわれの施策にマッチする」

――なぜ人口の確保がポイントになるのか。

「地方の市町村の財政力は弱く、淡路市も行政サービスの予算が約300億円なのに対し、自主財源の市税は50億円くらいしかない。250億円は、国からの地方交付税や、県の補助金などでまかなっている。その交付税の算定のもとになるのが人口だ」

## お試し移住の交通費と宿泊費を補助

いったい、自治体の移住者支援にはどのようなものがあるのか。

一般社団法人移住・交流推進機構（JOIN）のホームページでは、全国の自治体支援制度を検索できるようになっているが、すべてに目を見通せないほど、たくさんの自治体が様々な移住者支援制度を設けている。

例えば、島根県出雲市では、県外から出雲市に初めて移住し、市内事業所に就職する18歳以上の独身女性の引越し代・家賃を上限3万円補助。新潟県佐渡市では、移住検討者に家具・家電付き体験住宅を最大6か月間の無料貸出。広島県三次《みよし》市では、市内に住宅を新築した移住者の固定資産税相当額を5年間補助するなど、実に様々だ（2021年1月時点）。

ただ、これらはコロナを機に始まったものではなく、より戦略的に動いているのは東京圏に隣接する自治体だろう。

茨城県日立市では、２０２０年10月から「ひたちテレワーク移住促進助成事業」を開始。県外企業に勤めたり、県外企業から受注を受けて仕事をしたりするフリーランスのリモートワーク移住者が住居を取得する場合、最大１５１万５０００円を助成する。賃貸物件を借りる場合や実家に住む場合も対象となり、それぞれ最大１０１万５０００円、40万円の助成を受けることができる。助成金のうち40万円はリモートワークに関する助成で、その内訳は、通信機器整備費に20万円、交通費相当額に10万円、また、市内７つのコワーキング施設・カフェの施設利用料に10万円が支給される。

日立市の地域創生推進課の担当者は、こう話す。

「事業開始後の10月、11月で約30件のご相談を受けました。例年なら移住相談はひと月に５件程度でした。リモートワーク移住に関心が集まっているのではないでしょうか」

静岡市は２０１８年度から、市内のコワーキングスペースやシェアオフィスと連携し、「お試しテレワーク」事業を展開している。文字通り、１日～１週間のお試し体験だが、コワーキングスペースなどの使用料と宿泊費（１泊当たり最大８５００円）、さらには、上限１万２０００円の往復交通費も補助する手厚さで、企業のサテライトオフィスの設置やフリーランスの移住を促している。

２０１９年度は年間21名の利用があり、２０２０年度はコロナの影響で6月までは事業を止めざるを得なかったが、7～11月末時点で前年の2倍を超える45人の利用があった。

また、コロナ下のリモートワークの普及を受け、事業を拡大した。

２０２０年11月に「Move To しずおか　新しいビジネス様式支援事業」を開始し、静岡市に新規進出を検討する企業に対し、市内のコワーキングスペースやシェアオフィス1か月分の利用料と二人分の宿泊費（日額上限７２００円×30日）、さらには、静岡から勤務先への二人分の往復交通費を助成している。

「静岡には海も山もあり、自然の豊かな環境ですが、駅周辺には商業施設も揃います。その程よい田舎感と東京から新幹線で約1時間という近さが魅力です」（静岡市企画局企画課の担当者）

筆者が取材した２０２０年12月中旬時点で、すでに支援事業を活用し、2社が静岡市に進出しているという。

## 東京23区からの人口流出が続く

国も東京から地方への人口流出は歓迎だ。

安倍政権はデフレ脱却・経済再生を目的に、２０１４年６月の経済財政運営の指針（骨太の方針）で「50年後に1億人程度の安定した人口構造を保持することを目指す」とし、９月の第２次安倍改造内閣で地方創生担当相を設置。初代大臣には石破茂元幹事長が就いた。地方創生を看板政策に掲げ、人口減少対策と地方再生の司令塔となる「まち・ひと・仕事創生本部」（本部長は安倍晋三前総理大臣）を新設した。

その一丁目一番地が「東京一極集中の是正」だった。大都市に人口が流出する一方、大都市の出生率はおしなべて低く、全国的な出生率を押し下げている。特に住居費が高く、子育てを手伝う親族が周囲にいないなどの理由で、東京都の合計特殊出生率は１・21と47都道府県で最も低い（２０１７年）。農林水産業や観光業の振興により地方に雇用を創出し、子育て支援の相談機関を全国に整備することなどを具体的目標に掲げた。

政府は２０１５年度から２０１９年度までに地方から東京圏（東京都、神奈川県、埼玉県、千葉県）への人口転入を年間６万人減らし、転出を４万人増やすことで転出入のバランスを図る第１期「総合戦略」を立てたが、２０１９年も東京圏への転入が約14万９０００人増える転入超過となり、政府は目標達成を断念した。

**図表4　東京都の人口流出が続く**

| 2020年 | 転入者数 | 転出者数 | 転入超過数 | |
|---|---|---|---|---|
| | (%)は前年比 | | 2019年 | 2020年 |
| 4月 | 59,565（－13.3%） | 55,033（－1.0%） | 13,073 | 4,532 |
| 5月 | 22,525（－36.3%） | 23,594（－23.6%） | 4,481 | －1,069 |
| 6月 | 29,040（－1.0%） | 27,371（+4.7%） | 3,175 | 1,669 |
| 7月 | 28,735（－12.8%） | 31,257（－1.5%） | 1,199 | －2,522 |
| 8月 | 27,524（－11.5%） | 32,038（+16.7%） | 3,648 | －4,514 |
| 9月 | 27,006（－11.7%） | 30,644（+12.5%） | 3,362 | －3,638 |
| 10月 | 28,193（－7.8%） | 30,908（+10.6%） | 2,657 | －2,715 |
| 11月 | 24,044（－6.8%） | 28,077（+19.3%） | 2,254 | －4,033 |
| 12月 | 25,062（－6.9%） | 29,710（+17.1%） | 1,543 | －4,648 |

出典：総務省統計局「住民基本台帳人口移動報告」

だが、コロナ下で人の動きは一転し、東京からの転出超過が見られるようになった。

東京都は緊急事態宣言下の5月に、比較可能な2013年7月以降で初めて転出超過に転じた。6月は転入が転出を上回ったが、それ以降は転出超過が続き、11月の東京都の転出者数は前年同月比19・3％増の2万8077人だ（図表4）。なかでも、東京23区からの人口流出が顕著だ。前年比で最も転出者が増加した11月の転出超過数は、東京都全体では4033人だが、23区だけで見ると5081人と都全体を上回る。

ただ、年代別に見ると、20代はコロナ下においても東京への転入が増加している。東京を離れているのは、30〜50代の子育て世代と、60代以上のシニア世代だ。リタイア後の移住はコロナ下で始まった話ではなく、30代の転出が顕著であることに注目したい。子育て世代が東京の転出超過を生み出していると言える。

政府は新たに2024年度までの6年間で6万人の地方移住を新たな目標として掲げ、2021年度からは「移住支援金」の対象にコロナ下に増えたリモートワークで働く人も加え、子育て世代の移住を後押しする方針だ。

## リモートワーク移住でも100万円

移住支援金とは、東京23区から東京圏外への移住者に対し、国が補助金を出す事業だ。東京一極集中と地方の担い手不足の解消を目的に、2019年から実施されている。同支援金には移住とは別に「起業支援金」(最大200万円)もあり、東京23区から地方に移住して起業した場合、移住支援金も合わせ、最大300万円の補助が受けられる。その対象や支援金額は第一章で触れたが、改めて図表5にまとめたので参考にして欲しい。

第一章で紹介した関上さんが断念したように、対象求人の少なさや、PR不足もあって、制度の利用は進んでいない。制度開始から2020年12月末までで、利用者は38道府県で247件463人(世帯は1件にカウント)の利用に留まっている。

そのため、政府は移住支援金の対象にリモートワーク移住者を含め、制度の利用を促そうとしているのだ。

内閣府の担当者は、こう話す。

「道府県のマッチングサイトに掲載された求人数が全国で約9000件と少なく、魅力ある求人も限られ、制度の利用が増えませんでした。仕事を変えずに移住してリモートワークで働く移住者を新たな対象とすることで、制度の利用を広めたい。フリーランスで働く人たちも、東京23区内の会社から発注を受けていた証明などができれば、対象となります。2020年12月には各自治体に通知を出しており、手続きの準備が整い次第、自治体により開始時期に差は出るでしょうが、制度の運用が始まります」

復興庁も移住支援に乗り出す。

東京電力福島第一原発事故の被害で人口が急減した周辺12市町村への移住者に最大200万円の補助金を出す。対象は、2011年の事故当時、12市町村（双葉町、大熊町、富岡町、浪江町《なみえ》、飯舘村《いいたて》、川俣町、南相馬市、葛尾村《かつらお》、楢葉町《ならは》、川内村、田村市、広野町）に居住していなかった人で、県外から家族で移住した場合は200万円（県内からは120万円）、単身の場合は120万円（県内からは80万円）を支給するというものだ。

### 図表 5

**移住支援金**

地域の重要な中小企業への就業や社会的起業をする移住者を支援

| | |
|---|---|
| 支援額 | 最大100万円（単身の場合は最大60万円） |
| 対象条件 | 以下の３つを満たしていること<br>①【移住元】東京23区の在住者又は通勤者（移住直前の10年間で通算５年以上かつ直近１年以上）<br>②【移住先】東京圏以外の道府県又は東京圏内の条件不利地域への移住者<br>③【就業・起業】移住支援事業を実施する道府県等が、マッチングサイトに移住支援金の対象として掲載する求人に新規就業した者又は起業支援金の交付決定を受けた者。テレワークにより移住前の業務を継続する者 |

**起業支援金**

地域の課題に取り組む「社会性」「事業性」「必要性」の観点をもった起業（社会的起業）を支援

| | |
|---|---|
| 支援額 | 最大200万円 |
| 対象条件 | 以下の３つを満たしていること<br>①東京圏以外の道府県又は東京圏内の条件不利地域において社会的事業の起業を行うこと<br>②公募開始日以降、補助事業期間完了日までに個人開業届又は法人の設立を行うこと<br>③起業地の都道府県内に居住していること、又は居住する予定であること |

注：「東京圏」は東京都、埼玉県、千葉県、神奈川県を指し、「条件不利地域」は「過疎地域自立促進特別措置法」「離島振興法」などの対象地域を有する市町村（政令指定都市を除く）を指す

出典：内閣官房・内閣府　総合サイト

避難指示解除後も原発事故当時の人口の2割に留まっており、65歳以上が4割を占める。避難者の帰還に加え、新たな移住者を迎え、地域復興を目指す考えだ。

移住して5年以上住むことや就業することが条件で、リモートワークで県外の会社で働く場合も対象となる。最大400万円の起業支援も予定し、2021年夏以降の支給を見込んでいる。

人口減少に悩む地方自治体に加え、国も東京からの移住者を歓迎する。

ただ、金銭的な援助だけでは移住者は集まらない。前出の高橋公・支援センター理事長はこう言うのだ。

「移住者を獲得するためには、何より受け入れ体制が整っているか否かが最も重要なのです。さらに言えば、人なのです」

# 第三章

# コロナ移住人気自治体を歩く

## 移住者集める過疎の町「みなかみ」

東京圏に隣接する群馬県は2020年8月から「リモート県」を名乗り、オンラインでのトークショーや相談会、地元住民との交流会を積極的に開いている。待機児童も少なく、中学生以下の医療費を全国に先駆け無料化。大自然に囲まれた子育て環境の良さや、都心へのアクセスの良さをアピールし、首都圏の子育て世代の移住を狙う。

県下には生活環境の整った人口30万人を超える中核市、高崎市や前橋市などがあるが、コロナ下で続々と移住者が増える過疎の町もある。群馬県最北端に位置する人口約1万8000人のみなかみ町だ。日本百名山である谷川岳、武尊《ほたか》山、至仏山に囲まれ、日本三大河川の一つ・利根川の源流域で「関東の水瓶」と称され、水上温泉郷や猿ヶ京三国温泉郷など、町内に18の温泉地を持つ風光明媚な町だ。

みなかみ町の人口は1955年の3万5696人をピークに減り続け、高齢化率（65歳以上人口の割合）は全国平均を大きく上回る36・5％（2015年度）に達するなど、人口減少に歯止めがかからない。

そんな町に、２０２０年4月以降の半年間で、東京圏から9組22名の移住者がやってきた。２０１９年度は年間の移住者が４組９名であることを考えると、急増していると言ってもいいだろう。

町には、自然豊かな環境に加え、もう一つの強みがある。上越新幹線の「上毛高原」駅があり、東京駅まで最短66分と、通勤圏内にあることだ。みなかみ町では２０１９年４月から移住施策の一つとして「みなかみ町新幹線通勤費補助金」を創設。首都圏に勤務し、仕事を変えずに移住した人が対象で、月額最大３万円の補助が3年間受けられる。遊休施設となった幼稚園や古民家を改修し、リモートワーク拠点も整備した。

とはいえ、上毛高原駅から東京駅間の定期代金は1か月約13万円。勤務先の交通費負担の上限額にもよるが、３万円の補助があっても自己負担は大きくなる。

それでも、坪単価6万円のエリアに家を建てた場合と坪単価１００万円以上の都内に家を建てた場合を比較すると、新幹線定期代の自己負担があっても、みなかみ町から30年間通勤すれば約1億円は得をすると、町はそろばんをはじく。

また、コロナ下でリモートワークが普及するなか、２０２０年10月には新幹線通勤費補助金の内容を一部改定した。これまでは定期券を取得した移住者が対象だったが、乗車ごとの実費も補助の対象とした。リモートワークの普及を受け、キリンホールディングスや全日本空輸（ANA）、ホンダなどの大手企業が相次いで通勤定期代を廃止し、交通費の実費精算に切り替える動きもあり、より柔軟性を持たせた。

みなかみ町ではほかにも移住者向けに空き家の改修にかかる費用の補助や、最大100万円の起業支援などを行っている。

しかし、こうした金銭的な補助だけが移住者を呼び込んでいる理由ではない。

## 自然環境と都心へのアクセスの両立

清水裕介さん（34歳）は、妻と二人の子どもを連れ、2020年12月にみなかみ町に移住した。清水さんは大学卒業後、大手自動車メーカーに就職。27歳のときに結婚し、28歳で東京・大田区内に戸建ての中古住宅を買った。二人の子どもに恵まれ、アメリカ駐在を経た後に退社。現在は大手外資IT企業に勤めている。

「自動車メーカーのアメリカ駐在時に、日本がものづくり大国としてのプレゼンスを完全に失っていることに気づきました。その当時の日本ではまだ電気自動車は一部の特殊な車でしたが、ロサンゼルスではテスラ（米電気自動車大手）の車をたくさん目にし、家電製品は中国、韓国、台湾などの日本では主流でないメーカーの商品が大量に流通していました。どの商品も安くて良いものばかりで、ものづくりで日本が過去のように輝きを取り戻すことは難しいだろうと確信しました。そういう経験を経て、過去の価値観にとらわれずに、改めて日本ならではの魅力や価値を考える癖がつきました」

休日は家族で近所の温泉街へ（清水さん提供）

清水さんが勤める大手外資ＩＴ企業は、コロナの感染拡大が日本より早く広まったアメリカに本社があり、日本政府が緊急事態宣言を発令する以前に、フルリモートになった。毎日、自宅で仕事をするなら、都内に住む必要はない。広々した地域への移住に興味を持った。

「２０２０年8月に、たまたま夏にキャンプに行き、いいなと思っていた片品《かたしな》村の空き家バンクに登録された家を借りました。ワクチンが開発されても、完全にもとのような社会に戻らない確信がありました」

移住を視野に入れ、平屋の4DK（80㎡）の物件を家賃4万円で借りた。片品村はみなかみ町と同じ群馬県内にある過疎の村だ。子どもの夏休み期間にお試し移住をし、幼稚園の再開と同時に、週末だけを片品村で過ごす二拠点生活が始まった。

しかし、車で行き来する中で、東京へのアクセスに不満を感じた。都内の自宅から片品村までは、車で約3時間。移住をするにしても、低頻度の出社や友人知人との交流、買い物や食事などで引き続き東京に出向く機会がある。

自然環境と東京への好アクセスが両立している場所はないのか――そこで清水さんが見つけたのが、片品村から直線距離で約25㎞に位置するみなかみ町だった。

## 役場の移住担当者が町をアテンド

清水さんは2020年10月、みなかみ町が主催するオンライン相談会に参加。相談会後にはみなかみ町の担当者から「引き続きFacebookメッセンジャーで情報交換をしましょう」と声をかけられ、連絡先を交換した。「一度、遊びに来て下さい」と提案を受け、相談会の翌日にはみなかみ町を訪れた。

役場は休みのはずの土曜日だったが、みなかみ町役場総合戦略課の中山文弥さんと、みなかみ町移住コンシェルジュの鈴木雄一さんが上毛高原駅まで迎えに来た。そばを一緒に食べた後は、終日、中山さん、鈴木さんが町を案内した。

清水さんはこう振り返る。

「上手い営業マンから営業を受けるのはこんなに気持ちいいものかと感じました。事前に不動産を見たいとは伝えていたのですが、いくつかの物件の鍵を持ち、なかまで見せてくれました。すでに移住してきた人とも引き合わせてくれて、とても心強かったです」

アテンドの途中、雪化粧前の谷川岳を見て、中山さんが言った言葉を覚えている。

「こんなキレイな山を見ながら暮らしていくことができるんです」

中山さん自身、みなかみ町の出身ではない。元は東京で働いていたが、みなかみ町出身の奥さんが地元で起業すると決め、自身もみなかみ町に引っ越した。

「いいところばかりではなく、夏は草刈り、冬は雪かきが大変など、移住者だからこそわかるデメリットが明確になり、とても安心しました」

その後もＳＮＳを通じて情報交換を続け、清水さんはみなかみ町への移住を決意。11月には東京の自宅を売りに出した。それを資金に、みなかみ町で新居を建てるつもりだ。

## 移住先の決め手は「人」

エンジニアとして働く田宮幸子さん（29歳）も、役場の対応でみなかみ町への移住を決意した一人だ。コロナ前から東京を出て暮らすことに興味はあった。2020年始め頃から、エンジニアとして一日中パソコンに向かう生活に違和感を覚え、自分は何がやりたいのかを考え始めたという。

コロナ下で、世間では一気にリモートワークが普及し、以前はオフィスに常駐して働くことが多かったが、在宅勤務になった。当時、田宮さんはいわゆるアドレスホッパー（一拠点での定住にこだわらず、移動することを中心に生活するスタイル）で、民泊仲介サイト「Airbnb」を使って都内を転々と移り住んでいた。

コロナ下の心の変化を田宮さんはこう話す。

「オフィスに行くことが原則禁止となり、いよいよ都内にいる意味がなくなりました。漠然と自分のなかにあった自然のなかで働きたいという欲求が大きくなってきたんです」

2020年夏に、山のなかでのツリーハウスの講習に参加した。それをきっかけに、移住への思いは強くなるばかりだった。東京を離れようと決め、オンラインの移住相談会を覗くようになった。

いくつかの自治体に関心を持つなか、みなかみ町に決めた理由は「人」だと言う。

「一週間ほど町に滞在したのですが、役場の方や移住コンシェルジュの方が町をアテンドしてくれました。山に興味があると言えば、山間部の炭焼き小屋のかまどなども案内してくれました。食事にも誘ってくれて、地元の猟師さんに会わせてくれたり、移住者の人から話を聞く機会をもらえたりもしました。みなかみ町には面白い人がたくさんいて、新しいことを一緒に始められそうだと、イメージすることができました」

田宮さんは２０２０年12月、みなかみ町が準備するリモートワーク施設から徒歩圏内の場所にある２ＬＤＫ家賃４万３０００円の賃貸アパートに移住した。取材前日に大雪に見舞われ、あわてて雪かき用のスコップを買った話をしてくれた。

「高齢化が進む町で、雪かき作業は大変な重労働です。こうした困りごとを若い移住者などが手助けできるよう、町の困りごとを解決するようなアプリを作ってみたいですね」

田宮さんは東京での仕事を続けながらも、自らのスキルを町の活性化につなげられればとも考えているようだ。

## 子どもたちが30年後にも住みたい町に

実家の近くへの移住などを除けば、都市部からの地方移住は、それなりの決心が必要だ。筆者の場合、実家が近く、友人もいる淡路市だからこそ、移住の決断は容易だったが、縁もゆかりもない土地となると、二の足を踏んだだろう。

この町に移住しても大丈夫だと思えるには、金銭的な補助より、信頼できる人がいるという安心感が重要になる。前出の清水さんが「上手い営業マン」と評したみなかみ町役場の中山さんは、筆者にも強烈な印象を残した。

本書の執筆にあたり、東京近郊の15自治体にコロナ下の首都圏からの移住者の状況や移住支援策に関する質問状を送ることにした。週末にファックスで質問状を送り、週明けにそれぞれの自治体に電話で確認をするつもりだった。

しかし、月曜日の8時54分、確認の電話を入れるより前に、中山さんから電話があった。その日のうちに必要な資料を揃え、取材対象の候補者にまで連絡を入れてくれた。

熱の入り方が違う。現地に行くまでに何度かメールで確認を取り合ったが、いつ寝ているのかというほど、すぐに返信が返ってくる。

先述の通り、中山さんは奥さんが実家のあるみなかみ町で起業することに伴い、自身も移

移住者支援の仕事を続けたいと話す中山さん

住。以前は東京の会計事務所で働き、新幹線通勤をしていたが、子どもが生まれたことをきっかけに公務員試験を受け、みなかみ町役場で働き始めた。

移住者獲得のためのポイントを聞くと、中山さんはこう答えた。

「雪かきが大変だとか、医療体制が整っていないとか、首都圏の人にはデメリットをまずは伝えます。オンライン相談が終われば、ＳＮＳ上でもつながり、友達になること。町の様子の写真を送ったり、必要な人には求人情報を送ったり、連絡を取り続けます。移住者がみなかみ町に入りやすい理由に、観光の町ということもあると思います。他所《よそ》から人が来ることには慣れていますから」

それにしても、休みなく働く原動力はどこにあるのだろうか。

「町に生まれ育った子どもたちが30年後にも住みたい町を作りたい。それがすべてですね」

中山さんはそう話した。

## 岡山県の小さな町に続々と関東圏の移住者が

第二章ではコロナ下の人の動きを検証してきたが、移住へと動かす心の源泉に、コロナとは別の原体験があることを指摘しておきたい。

岡山県南東部に位置する和気町《わけ》は、人口約1万5000人の小さな町だ。この町にここ4年で県外から216世帯420人が移住している。20代から40代の子育て世代が7割を占め、それも約4割は東京圏からの移住者だ。

新型コロナ感染拡大の影響で人の動きに制限がかかる中、2020年も4〜11月までに50人が移住。うち22人が関東圏からの移住者だ。東京周辺の市町村への移住者が増えることは理解できるが、なぜ岡山なのか。

失礼な話だが、和気町にはこれと言って何があるわけではない。

みなかみ町のように温泉がたくさんあるとか、特別な補助金が準備されているというわけでもない。岡山市内へは電車で30分程度とアクセスはいいかもしれないが、東京並みの所得が得られる仕事を探すのは困難だろう。

和気町の移住推進員の飯豊 信《まこと》さんのもとには、コロナ下でこんな声が届く。

「東日本大震災以降、いつ起きてもおかしくない首都直下地震に怯《おび》えながら、ずっと東京を離れようとしてきましたが、仕事の関係で離れられない。だけど、リモートワークの普及でようやく東京を離れるメドがつきました」

先述のみなかみ町も、移住者へのアピールの一つに「地震の少なさ」を挙げている。町内全域の地盤が強く、活断層からの距離も遠い。2014年から2019年の過去5年間で、震度3以上の地震の回数は東京都が49回であるのに対し、みなかみ町は0回だった。

## 地震と放射線リスクが低い町

岡山県内には活断層が3つしかなく、地震が少ないと言われている。

確かに気象庁の震度データベース検索を見ると、検索可能な1919年1月1日から筆者が検索した2021年1月2日の間で、震度4以上の地震を観測した回数は19回と全国で3番目に少なく、震度6以上の地震は過去に観測されていない（図表6）。

阪神・淡路大震災や東日本大震災を経験している子育て世代としては、地震の少なさは大きな魅力だろう。筆者は阪神・淡路大震災時、最も被害の大きかったエリアの一つである神戸市長田区で被災した。東日本大震災以降から、首都直下地震に関する報道も広がり始めたが、生きている間にまたあのような経験はしたくないと強く思ったものだ。淡路島に移住したとき、地震への恐怖が薄れたのは紛れもない事実だ。

東京を中心とする首都直下地震については、国の地震調査研究推進本部が「今後30年以内にマグニチュード7クラスの大地震が70％の確率で起きる」と予測している。最悪の場合、死者は最大2万3０００人に達し、61万棟の家屋が全壊焼し、経済被害は国の年間予算に匹敵する95兆円に達すると想定されている。リモートワークの普及で働く場所を選ばなくなっ

**図表6　震度4以上の地震の都道府県別観測数**

発生期間：
1919年1月1日～2021年1月2日

| | | | |
|---|---|---|---|
| 北海道 | 360 | 滋賀県 | 24 |
| 青森県 | 139 | 京都府 | 38 |
| 岩手県 | 236 | 大阪府 | 25 |
| 宮城県 | 262 | 兵庫県 | 58 |
| 秋田県 | 55 | 奈良県 | 30 |
| 山形県 | 60 | 和歌山県 | 56 |
| 福島県 | 341 | 鳥取県 | 67 |
| 茨城県 | 372 | 島根県 | 29 |
| 栃木県 | 229 | 岡山県 | 19 |
| 群馬県 | 68 | 広島県 | 36 |
| 埼玉県 | 156 | 徳島県 | 28 |
| 千葉県 | 224 | 香川県 | 25 |
| 東京都 | 568 | 愛媛県 | 35 |
| 神奈川県 | 113 | 高知県 | 32 |
| 新潟県 | 156 | 山口県 | 34 |
| 富山県 | 13 | 福岡県 | 27 |
| 石川県 | 39 | 佐賀県 | 13 |
| 福井県 | 35 | 長崎県 | 46 |
| 山梨県 | 69 | 熊本県 | 218 |
| 長野県 | 185 | 大分県 | 67 |
| 岐阜県 | 41 | 宮崎県 | 79 |
| 静岡県 | 154 | 鹿児島県 | 147 |
| 愛知県 | 37 | 沖縄県 | 111 |
| 三重県 | 46 | | |

出典：気象庁「震度データベース」より

た今、地震への恐怖も移住の背中を押す大きな要因の一つになるだろう。

駿河湾から四国沖に連なる南海トラフによる大地震も今後30年以内に70～80％の確率で起こると想定されるが、岡山県は四国と瀬戸内海を挟み、津波の危険性は少ないと考えられる。

また、和気町への移住者からは、こんな声も聞こえてくる。

「岡山市から福島第一原発までは７００km以上離れており、中国電力・島根原子力発電所からは約１２０kmですが、中国山地を挟み、仮に事故があっても汚染が少ないと言われています。放射線のリスクを考える人たちからも、岡山は注目されています」

## 移住のきっかけは東日本大震災

移住推進員である飯豊さん自身が、東日本大震災をきっかけに安心安全な場所での暮らしを求め、和気町に移住した当事者の一人だ。

飯豊さんは東京都世田谷区出身。大学卒業後は都内の会社に勤め、ずっと東京に生きてきた。東京都品川区出身の妻と結婚し、順風満帆な人生を送っていたが、東日本大震災を機に、生きることへの考え方が変わった。

「当時は私も妻も音楽関係の会社で働いており、大震災を前に圧倒的な無力感を覚え、音楽は人間にとって必要なのか、贅沢品ではないのか。だけど、音楽が人を勇気づけることもある……そんな考えが頭をめぐり、ずっと悶々としていました」

東日本大震災以降、日本全体を自粛ムードが覆い、飯豊さんが担当する野外のフェスティバルの多くが中止になった。放射能汚染にも敏感になり、スーパーに行っても産地を見るようになった。産地を気にして、何も買えずに帰宅する妻の姿も覚えている。

「何をするにも疑心暗鬼になり、疲れていました。東京の水道は大丈夫なのかと、そばを湯がくのにもペットボトルの水を使っていました」

東日本大震災以降、首都直下地震を扱う番組も増えた。

このエレベーターに乗っているときに被災したらどうしよう。満員電車に乗っているときに震度7の地震がきたらどうしよう。外出中、地震のことばかりが頭をよぎった。

２０１１年秋、妻に移住を提案した。

「予測が正しいかどうかはわかりませんが、一刻も早く、東京を離れたかった。生き延びられる可能性が高い場所を探そうと思った。妻もすぐに賛成してくれました」

飯豊さんは当時をそう振り返る。

## 1日でも早く東京を脱出したい

２０１１年秋、飯豊さんは会社を退職し、移住に向けて動き出した。飯豊さん43歳、妻は34歳だった。リモートワークが普及した現在とは違い、当時は地方に住みながら所得水準の高い東京の会社で働くという発想は出てこなかった。

日本のリモートワークの歴史は、１９９０年にＮＥＣ（日本電気）が全社員を対象にフレックス制度を導入し、主任職の研究者を対象に在宅勤務制度を採用したあたりから始まっている。１９９６年には当時の労働省と郵政省が、ＮＥＣを始めとした民間企業11社と、官民共同で「テレワーク推進会議」を設置し、当時出回り始めたコンピューターを利用した新たな就労形態の普及に乗り出した。しかし、本格的な普及はこのコロナ下からと言って間違いないだろう。

飯豊さんが会社を退職し、真っ先に訪ねたのが、ドイツ、オランダに住む友人だった。

地震は地球の表面を覆うプレートの摩擦により発生し、4枚のプレートに乗っかる日本は世界屈指の地震大国だ。全世界のマグニチュード6以上の地震の約2割は、日本付近で起きている。反面、プレートの境界から遠く離れたヨーロッパは地震のリスクが低い。

ただ、言葉や文化の壁を感じ、自分たちがヨーロッパで生活をしていくイメージは湧かなかった。

帰国後、妻の親戚が喫茶店の後継ぎを探しているとの話を聞き、大阪府の泉南地域に向かった。すでに店舗はあり、必要設備も揃っている。ただ、やる人がいない。

飯豊さんに飲食店経営の経験はなかったが、次の仕事のあてがない自分にとって、悪くない話だと思った。

だが、話は思わぬところで頓挫する。

「店をそのまま経営していいという話でしたが、店の名前だけは『ワッキー』にして欲しいという話だった。親戚の学生時代のニックネームです。気持ちはわかりますが、自分たちのイメージとは合わない。せめて漢字にして『和気だったらいいんだけどねぇ』と、妻が話していました。結局、喫茶店経営をする話はなくなりました」

そこに思わぬ偶然が重なるから人生は面白い。移住先が決まらず途方に暮れるなか、妻の両親が岡山県の不動産情報のチラシを持ってきた。インターネットで岡山県は地震が少ないという情報を得て、日頃から飯豊さんが家族に話していたからだ。

その岡山県の不動産情報のチラシのなかに「和気」という文字があった。奇しくも、喫茶店の店名として妻が口にした名が、ここにある。運命的なものを感じ、飯豊さんは2011

年冬から翌年5月にかけ、自身と妻の親と共に、5回、和気町に足を運んだ。30軒以上の不動産を見て回った。

「とにかく1日でも早く東京を脱出したい」という思いで、仕事のことは何も考えてはいなかった。地元の求人誌を見て、

「世帯で20万円程度は稼げそうだし、贅沢しなければ生きていけると不安はありませんでした。もう散々東京の生活を謳歌《おうか》してきたから、物欲もない。贅沢しなければ十分に生きていけるし、何より蛇口の水をそのまま飲めるのが嬉しかった」

とはいえ、一家の大黒柱として、家族を安心させなければならない。東京と和気町を行き来する間に就職活動をし、和気町近隣のテーマパークに正社員として採用された。

２０１２年６月、飯豊さん一家は双方の親と共に、３ＬＤＫ家賃５万６０００円の町営住宅に移住した。

「何でもある東京から、何もないところに何で引っ越してくるの？」

今でこそ移住者に沸く和気町だが、飯豊さんは近所の人からそう声をかけられた。

## 移住者が移住者を呼ぶ好循環

移住当時、飯豊さんは「2~3年して、それでもここに長く住みたいと思ったら、自分がやりたい仕事をしよう」と考えていた。移住後の3年の間に子どもも生まれ、家族も和気町をすっかり気に入り、ここで生きていくことに決めた。

やりたいことはあった。一足先に東京から和気町に移住した飯豊さんだが、「自分のように東京から脱出して、地震のリスクの低い岡山県に移住したい人がたくさんいることは知っていた。和気町の議会の傍聴に行っても、人口減少の話題ばかり。受け入れ体制を整え、そのミスマッチを防げば、人を呼び込めると考えました」

飯豊さんは自ら役場に出向き、移住推進員の配置など受け入れ体制作りの提案書を町の経営課に提出した。先述の通り、政府が東京一極集中の是正を掲げ、地方の人口減少対策に取り組んでいる。そのなかで、自治体が移住コーディネーターを国からの予算で配置できることを飯豊さんは調べていた。

町は移住推進員の配置を決め、一般公募を経た後、飯豊さんは2016年4月に移住推進員(会計年度任用職員)として採用された。

飯豊さんが着任する前年度の2015年度は移住者が28人だったが、2016年度は80人、

2017年度は120人、2018年度は113人、2019年度は107人が移住した。2020年度も100人を上回る勢いだという。

2017年以降は転入超過となり、年齢区分で見ると0〜14歳の転入が大幅に増えた。子育て世代が移住してきている証拠だ。

「特別なことは何もしていない」と、飯豊さんは話す。

「自分が移住した際に欲しかったサービスを整備しました。特に都市部からの移住では田舎暮らしとのギャップを埋めるため、何度も足を運ぶ必要があります。私の場合は家族とその両親も連れ、5回往復し、交通費や宿泊代だけで100万円近くかかりました」

そうした移住者目線から、移住希望者が視察に来る際の宿泊費補助やお試し住宅を準備したり、飯豊さん自らが役場の車で町を案内したりする。移住者が増えた結果、今は移住者の評判が移住者を呼ぶ好循環が生まれている。

## マンション下層階からの度重なる苦情

IT企業に勤務する立花優子さん（仮名・30代）は、2020年10月に東京都内から夫と二人の子どもと和気町に移住した。移住を決断したのは、そのわずか5か月前だ。

立花さんも貿易会社に勤める夫も、緊急事態宣言発令後はフルリモートになった。子どもの保育園も休園になった。

東京都内の1LDK（80㎡）、家賃19万円のマンションで「STAY HOME」が始まった。自分も夫も仕事があり、終日子どもの相手をするわけにもいかない。下の階に住む住民から、足音がうるさいと苦情が入るようになった。謝っても、謝っても、子どもが走り回るたびに、苦情を入れに家にやってきた。

「あれしたら駄目、これしたら駄目」

子どもに注意する自分も嫌になる。下の階の人間に文句を言われないよう、一軒家に引っ越そうかと考えたが、都内は家賃が高すぎる。

そもそも、東京にいる意味はあるのか――。

東京を離れたい、そう思うようになったと立花さんは振り返る。

「関西の公立高校から大学進学で上京した時は、すべてが新鮮で、魅力的に思えました。だけど徐々に、消費させようとする街の圧に疲れ始めました。どこに行っても『今流行りの〇〇』、『〇〇フェアやっています』……。確かに東京にはクリエイティブなショップや人、東京でしかできない体験もあります。ですが、子どもには自然が身近にある環境下で、不便さや制限のある中で知恵を絞って何かを作り出すことを経験してもらいたかった」

そもそも、一人目の子どもが生まれた時から、移住は考えていた。だけど、地方に移り住んでも自分が稼げる特別なスキルがあるわけではない。将来の移住先探しも兼ねて旅行に行ったり、移住支援機関に足を運んだりはしたが、その思いは消えかかっていた。

だが、その思いはコロナ下で爆発した。

**東京は半年に1回行く程度でいい**

夫はリモートワークに対応できない勤務先だったが、収入を手放すことになるものの、むしろ移住に乗り気だったという。

移住先を探すに当たり、夫が検索窓に打ち込んだキーワードはこれだ。

「地震が少ない　暖かい　移住」

当初は、これまでの移住先探しの旅行経験から、夫婦の出身地である関西へのアクセスのいい淡路島や四国、広島をぼんやりと候補に考えていたが、検索の結果、これまで思いもしなかった岡山県が候補に挙がってきた。

「岡山は気候が温暖で、年間を通して晴れの日が多い。地震が少なく、原発からも遠い。気になって岡山県を調べるうちに、東京からの移住者も多い和気町のことを知りました」

しかも、他の自治体に比べ、情報が細かく発信されている。空き家バンク物件内部をYouTubeで公開するなど、パソコン画面から移住先のイメージを強く持つことができた。

8月、夫が有給休暇を使い、3泊4日で移住候補地を巡る旅に出かけた。

まずは、海に近いところがいいと選んだ広島県尾道市。次に、岡山県和気町に足を運んだ。和気町は海から離れた中山間地域だが、山と川に囲まれた風景に魅入られた。すでにYouTubeで「内見」した空き家バンクの賃貸物件を現地で確認し、心は決まった。

「めちゃ良かったわ」

LINEの音声通話を受けると、夫は開口一番そう話したという。三つ目の候補地だった兵庫県の淡路島には寄らず、東京に戻ってきた。

旅行から戻ると夫はすぐに勤務先に退職届を提出、立花さんも会社に報告した。

立花さんと会ったのは、和気町に移住してまだ2か月程度の時期だった。夫は事業を構想中で、立花さんはリモートワークで仕事を続けていた。

立花さんは和気町の暮らしをこう話した。

「移住者が多く、閉鎖的な感じはまったくありません。駅近くに商業施設がコンパクトに集まっていて、不便もない。欲しいものはAmazonで買えるし、東京じゃないと買えないものはない。週末は子どもと隣の備前市に遊びに行くなど、東京と違って車移動なのでストレスはありません。東京は半年に1回くらい、友達に会いに行く程度でいいです」

立花さん一家は、7DK、家賃5万円の一軒家に暮らす。子どもが家の中を走り回っても、文句を言われることはない。子どもの楽しそうな様子がとにかく嬉しい。

立花さんは一度、小学校まで、子どもについて行ったことがあるという。田んぼの用水路の端を平均台のようにバランスをとり、楽しそうに歩いている。季節ごとに山や畑は色を変え、コンクリートに覆われた東京とは大きな違いだ。

「野菜を抜きにおいで」

近所の農家さんが息子に声をかけてくれる。ランドセルを背負った息子が、まだ土のついた大きな大根を、大事そうに持って帰ってきた。

# 第四章

# 「地域おこし協力隊」という移住法

## 夢だった中国駐在員時に感染拡大

東京都江戸川区出身の染谷《そめや》輝夫さん（40歳）は、2020年7月に高知県土佐清水《とさしみず》市に移住した。大学時代に1年間休学し、中国に留学。卒業後は留学時代に得た中国語のスキルを活かし、メーカーや商社で働いた。

染谷さんには夢があった。いつか、駐在員として中国で働きたい。当時働いていた商社では中国への出張はあったが、現地法人はなく、駐在員のポストがない。

夢を捨てきれず、2018年に生まれてから約38年間暮らしてきた東京を離れ、大阪市内の電子部品を扱う商社に転職。中国に現地法人があり、駐在員として働くチャンスがあったからだ。念願叶い、2019年10月から北京事務所の駐在員として働き始めた染谷さんだが、そこにコロナが襲った。

「2020年の春節（中国における旧暦の正月。2020年は1月25日が春節で、24日の大晦日から1月30日まで春節連休になった）の大型連休で帰国しました。休みが明けると、中国ではどんどん感染者が増え、北京に戻れない状況になりました。大阪の本社からリモートワークで仕事を再開しましたが、アシスタントが中国にいるため、どうしても中国現地で対面じゃないと仕事が進まない」

3月には一度、北京に戻ったが、日中共に出入国の制限が厳しくなり、染谷さんは「このままでは帰れなくなる」と思い、4月に帰国した。2016年に結婚、2020年2月に子どもが生まれたばかりだった。染谷さんの妻は里帰り出産のため、妊娠中から実家の土佐清水市に居を移していた。

日本でも感染が広がり、帰国後は東京の実家からリモートワークで仕事を続けたが、今後の人生を考えるようになった。

「日本でも感染が広がり、しばらくコロナが収束することはないだろう。これまでは仕事ばかりしてきたが、子どもも生まれた。大都市は便利でいいが、自然が豊かな地域で子どもを育てたい」

専業主婦の妻も、背中を押した。

「何かあったら、私が何とかするから。お金の心配はしないで」

染谷さんは40歳を前に、新しい生き方を選ぶことを決意した。

## 40歳になりますけど間に合いますか

長期休みなどを利用し、妻の実家である土佐清水市には何度も足を運んだことはあった。のびのびとした環境で、子どもを育てるにはもってこいの場所だった。

人口約1万3000人の土佐清水市は、東京・羽田空港から高知龍馬空港を経由して約5時間と、東京から最も遠い市の一つだ。市内には四国最南端の足摺《あしずり》岬がある。人口の約50%は65歳以上の高齢者で、主要産業の漁業の衰退が進む。妻の実家の近くに宗田節の製造工場があったことは覚えているが、土佐清水市で仕事が簡単に見つかるとは思えなかった。

東京の実家で転職活動をし始めた5月、妻から連絡があった。

「土佐清水市が地域おこし協力隊を募集しているよ」

子育ての情報で市のホームページを確認した際、たまたま妻が発見したという。

地域おこし協力隊という言葉を、初めて知った。募集内容は、移住促進に関わる相談対応や移住支援イベントの企画・実施、また、移住に関する情報発信だった。

これまで、会社員として、会社の利益を求める生き方をしてきた。誰かの力になる仕事内容に興味を持った。任期は3年間で、その後の不安はあったが、すぐさま役所に問い合わせた。募集要項のなかに年齢が40歳未満とあり、7月30日生まれの染谷さんにはそのリミットが迫っていた。

「もうすぐ40歳になりますけど、間に合いますか？」

染谷さんは会社を退職し、7月中に地域おこし協力隊として土佐清水市に移住した。

給与は月額14万３６１２円。前職に比べると、大幅に減った。それでも、家賃４万円の戸建て住宅（３ＬＤＫ・約80㎡）の家賃は、市の負担だ。米に野菜に魚と、実家や近所からのお裾分けも多く、貯金を切り崩さずに生活できている。

移住者から一転、現在は自分が移住者を支援する立場だ。

「相談業務では移住者向けのお試し移住施設を案内したり、ＳＮＳを使った情報発信に取り組んだりしています。移住希望者に関心を持ってもらうため、空き家の開拓にも取り組んでいきたいと思います」

目下、東京ではほとんど運転しなかった車の運転技術を上げ、移住者が町を訪れるときには、きちんと車でアテンドできるように努力しているという。

## 地域おこし協力隊とは何なのか

染谷さんは地域おこし協力隊の制度について、こう語った。

「地方移住を考える際、その背中を押す制度となっていることは確かです」

地域おこし協力隊は、総務省により２００９年に創設された制度だ。その推進要領に、制度の趣旨がこう書かれている。

「人口減少や高齢化等の進行が著しい地方において、地域力の維持・強化を図るためには、担い手となる人材の確保が特に重要な課題となっている。一方、生活の質や豊かさへの志向の高まりを背景として、豊かな自然環境や歴史、文化等に恵まれた地域で生活することや地域社会へ貢献することについて、いわゆる『団塊の世代』のみならず、若年層を含め、都市住民のニーズが高まっていることが指摘されるようになっている。人口減少や高齢化等の進行が著しい地方において、地域外の人材を積極的に誘致し、その定住・定着を図ることは、都市住民のニーズに応えながら、地域力の維持・強化にも資する取組であり、有効な方策と考えられる」

地域おこし協力隊の任期は、おおむね1年以上3年以下。地方自治体から委嘱を受け、地域で生活する。活動内容は様々だが、観光資源の企画・開発や高齢者の生活支援、空き家・

空き店舗対策、移住者支援、農畜産業・林業・漁業への従事など、文字通り「地域おこし」の活動をする。

地域おこし協力隊は、その趣旨に「地域外の人材を積極的に誘致し、その定住・定着を図ることは、都市住民のニーズに応えながら、地域力の維持・強化にも資する取組」とあるように、都市部から地方への人の流れを作ることも主たる目的だ。

そのため、地域要件が定められており、地域おこし協力隊に応募できるのは転出地が3大都市圏（埼玉県、千葉県、東京都、神奈川県、岐阜県、愛知県、三重県、京都府、大阪府、兵庫県および奈良県の区域の全部）の都市地域と、全国の政令指定都市に限られる。3大都市圏外で、政令指定都市に含まれるのは、札幌市、熊本市、仙台市、新潟市、静岡市、浜松市、岡山市、広島市、北九州市、福岡市だ。

ただ、いずれの地域であっても、転出地が過疎地域自立促進特別措置法や離島振興法の対象地域を有する市町村の場合、対象からは外れる。一方の転入地の要件は、3大都市圏外のすべての市町村と3大都市圏内の条件不利地域となる。

地域おこし協力隊創設初年度の2009年度は隊員数89名、31団体だったが、集計のある直近の2019年度までに隊員数5503名、1071団体にまで拡大。政府の「まち・ひと・しごと創生基本方針2020」では、地方移住推進策の一つである地域おこし協力隊の拡充を挙げており、隊員数を2024年度までに8000人まで増やす方針（2020年7月17日閣議決定）だ。

### 約6割の隊員が退任後に定住

国が力を入れるのも、移住支援策としての地域おこし協力隊が、一定の成果を上げているからだろう。2019年3月31日までに任期を終えた地域おこし協力隊員は4848名いるが、任期終了後の約6割が活動地と同じ、または近隣市町村に定住し、その3人に1人が起業している（図表7）。

4848名の主な内訳は、男性が3037人で約6割だ。年齢別に見ると、10代が5人（0・1％）、20代が1538人（31・7％）、30代が1958人（40・4％）、40代が952人（19・6％）、50代が304人（6・3％）、60代以上が91人（1・9％）と、20代から30代が全体の約7割を占める。

ただ、任期中の辞退者も少なくない。2019年の1年間で、604人が任期途中で退任している。そのうち、106名が「受け入れ地域・受け入れ自治体・隊員」3者のミスマッチを理由に挙げている。

　こうした状況に対応するため、総務省は２０１６年９月に「受け入れ地域・受け入れ自治体・隊員」の３者からの悩み相談を受け付ける「地域おこし協力隊サポートデスク」を開設。地域おこし協力隊のＯＢ・ＯＧ、専門相談員が相談にあたる。２０１９年には隊員として活動する前に、一定の期間、地域協力活動を体験し、受け入れ地域とのマッチングを図る「お

**図表７　任期終了後の隊員の動向**

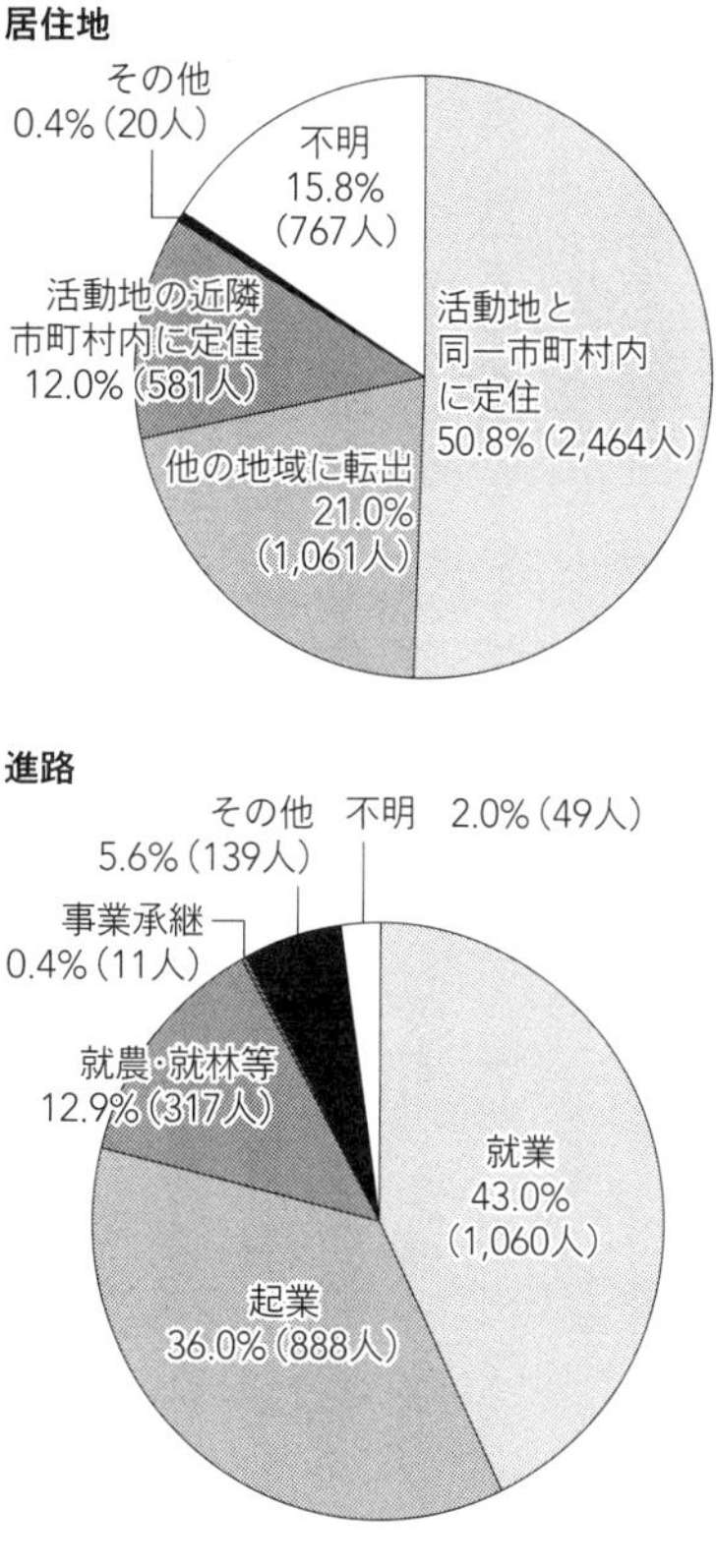


出典：総務省「地域おこし協力隊の定住状況等に係る調査結果」（令和元年度）

ためし地域おこし協力隊」を創設し、ミスマッチの解消を進めている。

さらには、2021年度からは2週間から3か月の期間、地域おこし協力隊として従事するインターン制度を始める。総務省地域自立応援課の担当者は、こう話す。

「社会人の参加などを想定し、週末に参加できる2泊3日程度の期間を設定する自治体が多かったが、短期間ではなかなか地域おこし協力隊の活動や生活が見えづらい。中長期のインターン制度を創設するのは、応募者のすそ野を広げる狙いもあります。長期休みなどに大学生が利用することも想定しています」

## 年間報酬は上限280万円に

前出の染谷さんの給与は14万3612円。隊員の報酬はどのように決まるのか。

地域おこし協力隊にかかる予算は、地方交付税のうち、国がその費用を災害など緊急に支出するためなどに使われる特別交付税として支払われ、隊員一人当たりの経費は上限440万円だ。ほかにも、隊員募集に関する経費が1団体当たり最大200万円、「おためし地域おこし協力隊」に要する経費が1団体当たり最大100万円支給される。2021年度より開始される地域おこし協力隊のインターン創設にも1団体当たり最大100万円が支給され、インターン参加者の活動経費も一人・1日当たり上限1万2000円を助成する。

2020年現在、隊員一人当たりの経費の内訳は、隊員の給与に当たる報償費が240万円、その他の経費が200万円だ。その他の経費には、活動旅費や定住に向けた研修費等が含まれる。報償費は一人当たりの経費の上限は変わらないものの、隊員の技能などにより最大290万円まで支給されることが認められている。また、この報償費の上限は2021年には上限270万円となるが、2023年以降には上限280万円にまで引き上げられる。

2020年4月から正社員と非正規社員の不合理な待遇差を解消する「同一労働同一賃金」が民間企業で導入され、公務員の世界でも正規職員と非正規職員の待遇差を是正する「会計年度任用職員制度」がスタート。民間企業のボーナスにあたる期末・勤勉手当や、退職金が加算されるようになったためだ。一部、自治体との雇用関係なしに個人事業主として活動する地域おこし協力隊もいるが、隊員の大半は自治体と雇用契約を結び、会計年度任用職員として活動している。

もっとも、報償費イコール地域おこし協力隊の給料ではない。あくまで上限であり、給与は受け入れ自治体により異なる。地域おこし協力隊制度の設計にも関わった弘前大学の平井太郎准教授（社会学）はこう話す。

「地域おこし協力隊の報酬は当初『高過ぎる』という指摘があった。例えば、青森県は地域おこし協力隊の受け入れ開始が2012年で、制度の創設から受け入れまでに3年がかかった。その理由は、地域おこし協力隊の報酬でした。また、除雪車の運転免許などの資格を公費で取らせるのかと、問題になったこともありました。地域おこし協力隊を受け入れる自治体には、成果報酬的に1年ごとに報酬を支払ったり、諸手当で差をつけたり、地域の理解が得られる運用が求められます」

### 退任後の起業・事業継承に100万円の補助

また、隊員には、兼業・副業が認められている。

一般社団法人移住・交流推進機構のアンケート調査（インターネットアンケートで、全国の地域おこし協力隊1686が回答）によれば、兼業・副業経験がある隊員は全体の49％。その収入額の平均額は79万円だが、中央値は19万円で、100万円以上も15％いる。兼業・副業をする理由（複数回答）は「任期終了後の起業・事業化に向けたステップとするため」が74％、次点に「生活費を補うため」が58％と続く。

一方、兼業・副業ができないと回答した264人のうち、その理由は「制限されていて、許可を得ることができない」、または「制限はないが、何らかの理由で了承を得ることができない」の二つで53％を占める。残るその他47％の内訳を見ると、「時間がない、余裕がない」等の理由が76％と大半だ。兼業・副業の不可は、会計年度任用職員として活動する場合は受け入れ自治体の首長の判断になる。

副業に関しては個人差が大きいが、いずれにせよ、3年という期限がありながらも、地方で生活していくだけの収入は十分に保障されると言っていいだろう。

隊員の住居費や車両費は、隊員の報償費とは別の「その他の経費」から支払われるケースが大半で、報償費は自由に使える可処分所得になる。隊員の報償費は先述の通り、2023年以降には上限280万円となり、手取り金額が20万円近くになることもあるだろう。隊員の任期終了後に起業、または事業継承をする場合、一人当たり100万円を上限とした補助もある。

2021年には地域おこし協力隊とは別に「地域プロジェクトマネージャー」というポジションが創設される。地域おこし協力隊のOBやOG、地域と深い関係を持つ専門家を人物像に想定し、外部専門人材、地域、行政をつなぐ人材を募集する。報償費とその他の経費の内訳は不明だが、一人当たりの経費は上限650万円だ。

「人口の少ない農村部に行くほど、市町村合併で行政と地域の距離が離れてしまっています。地域と行政、そして地域おこし協力隊の3者のチームビルディングを行うブリッジ人材が求められています」（前出の弘前大学・平井太郎准教授）

これまで見てきた通り、現在、コロナ移住に踏み切れているのは、大手企業やIT関連企業などの会社員が中心で、その対象は限定的だ。職と住が解決できなければ、なかなか移住には踏み出せない。そんななか、地域おこし協力隊という制度が、コロナ下での具体的な移住策として注目を集めている。

## コロナ下で定員の3倍を超える応募

北は日本海、東は京都府に接する人口約8万人の兵庫県豊岡市。海と山の豊かな自然環境に包まれる豊岡市には、城崎温泉、竹野浜海水浴場、神鍋《かんなべ》高原スキー場などの観光地があり、国指定の特別天然記念物・コウノトリが生息し、人里での野生復帰を目指す取り組みが行われていることでも知られている。

豊岡市では、2014年度から地域おこし協力隊の採用を始めた。2020年末時点で48人の隊員を採用し、任務終了後の定住率は100%だ。2020年度は6月29日から7月19

日にかけ、13業務で隊員を募集。すべての業務を合わせた定員17名に対し、定員の3倍を超える56人の応募があった。

応募者は21〜47歳で、「市内全域の農業活性化業務」（定員2）に9人、「伝統工芸・出石《いずし》焼の技法習得とPR業務」（定員1）に6名、「豊岡周辺市街地の活性化と若者世代の関係人口創出業務」（定員1）に5名などの応募があった。

豊岡市環境経済課定住促進係の大岸由佳さんはこう話す。

「首都圏の緊急事態宣言が解除されて、感染拡大が少し落ち着いた時期の募集ということもありましたが、これだけ応募があり驚きました。前回、2019年末に募集した際は、応募者数は定員の1・5倍でしたから、明らかにコロナの影響だと思います。都市部で様々な経験をした面白い人に街を活性化させて欲しい」

加藤奈紬《なつみ》さん（25歳）は定員3名に対し、10名の応募のあった「豊岡演劇祭の企画・運営業務」に採用され、2020年8月に豊岡市に移住した。

豊岡市は今、小さな世界都市「Local & Global City」を実現する新たな柱として「深さを持った演劇のまち」を目指している。

2019年に55年ぶりに加わる新たな高等教育機関として、実践的な職業教育を行う専門職大学と専門職短期大学が誕生。2021年4月には芸術文化と観光で地域を元気にする専門職業人の育成を目的に、演劇を必須科目とする芸術文化観光専門職大学（豊岡市山王町）が開校。その初代学長が、世界的にも知られる劇作家・演出家の平田オリザさんだ。自ら主宰する劇団「青年団」を引き連れ、2019年に平田さん自身も豊岡市に移住。平田さんは5年でアジア最大、10年で世界有数の国際演劇祭になることを目指し、2019年9月に第0回「豊岡演劇祭」をプレ開催。2020年から本格的に開催している。

## 「ネットTAM」で求人を発見

豊岡演劇祭の企画・運営業務の地域おこし協力隊として、2020年8月から豊岡市で活動を始めた加藤さんに話を戻す。

愛知県名古屋市出身の加藤さんは関西の芸術大学を卒業後、アイルランド、イギリスに語学留学。2019年4月に、第二新卒で都内の制作プロデュース会社に就職した。光熱費込みで家賃5万2000円の横浜市内の女性専用シェアハウスに住みながら、目黒区内にある会社に通勤していた。入社早々、イベントの企画宣伝に始まり、海外からのビジター手配など、様々な業務に取り組み、充実した日々を送っていた。

だが、新型コロナ感染拡大で状況は一変する。

毎月1回のペースで開催していたイベントは次々と延期になり、日本でも感染の広がった3月には関係者への中止の連絡に忙殺された。緊急事態宣言が発令された4月には、すべての活動が一旦停止の状況に。勤務先の社長との個別面談があった。

「当面の見通しが立たない状態だ。あなたは今後どうしたいですか?」

職場に限らず、経済も停止している東京にいても仕方がないと名古屋の実家に戻り、有識者を招いた社内の研修だけはオンラインで参加したが、今後の働き方について考える日々が続いた。加藤さんは有期雇用の契約社員として入社、7月末で担当業務が終わり、まもなく更新の時期を迎えた。これを機に学生時代に培った演劇関係の知人が多く暮らす関西に戻ろうと考えた。ただ、知人を辿って働き口を探すも、業界全体が新しい雇用を確保できるほどの余裕はなく、状況は回復していなかった。

勤務先は契約満了までの休業期間中も100%の賃金を支払ってくれ、すぐに経済的な問題に見舞われることはなかったが、次のキャリアを探さなければならない。アートマネジメントに関する総合情報サイト「ネットTAM」で、毎日新しい求人情報が出ないかとチェックした。そこで7月上旬に見つけたのが、豊岡市の地域おこし協力隊の募集だった。

「以前から場づくりに興味があり、地域おこし協力隊のことは知っていました。それも、演劇に関する事業。これしかないと思い、その日のうちに応募書類を書き始めました」

そのように、加藤さんは振り返る。

## 隊員活動に加えて副業も可

書類選考、Ｚｏｏｍでの面接を経て、採用が決まった。

第1回目の「豊岡演劇祭」が9月9日に開幕することから、「できるだけ早く来て欲しい」という市の要望もあり、8月8日には物件探しを目的に、初めて豊岡に。23日には引っ越し、すぐさま地域おこし協力隊の業務を開始した。着任早々、豊岡演劇祭の事務局業務や、お客様の案内、出演アーティストへの対応などの活動に追われた。

豊岡演劇祭には世界的に活躍する劇団など約30団体が集まり、劇場を使った屋内の公演に加え、豊岡市の各観光名所や地形を舞台にした屋外の公演が展開された。会場最寄りのＪＲ江原駅前（豊岡市日高町）の広場には、週末に豊岡市を含む但馬地域のグルメを扱う「ナイトマーケット」が開かれ、全国からの観覧客や地元住人らで賑わった。

出演者には原則ＰＣＲ検査の実施を求め、密にならないように式典を行わず、観客に出待ちをしないなどの独自のガイドラインを定めたコロナ下での開催になったが、全国から延べ6547人の観客が集まった。平田オリザさんは演劇祭について、

「産業も同じだが、東京での文化活動が停止しがちな今こそ、地方で活動をするというバックアップ機能が大切。観劇の合間に観光を楽しんでもらう回遊型の演劇祭として、さらに発展させたい」（神戸新聞・2020年9月23日）

ただ、演劇祭が終わると、ナイトマーケットで賑わった駅前も、人影はまばら。駅前の商店街はシャッターが目立つ。加藤さんは今後の抱負を話す。

「演劇祭で再確認した地域資源を活かした企画を練り、日頃から町を活性化していきたい。地域の方とも共同し、演劇祭事務局の開設準備も進んでいます。これからは専門職大学に通う大学生も町にやってくるので、世代を超えた連携も築いていきたいです」

地域おこし協力隊としての加藤さんの給与は21万円。駐車場代込みで2LDK家賃6万5000円の住居費は、経費から出る。車はリース会社から借りているが、その借上料も経費から出る。私用ではなく、地域おこし協力隊の活動で使用した分のガソリン代も支給される。

加藤さんは市と雇用契約はなく、個人事業主として活動する。国民健康保険、国民年金は全額自己負担だが、手取りで15万円以上はある。

「東京のシェアハウスに住んでいた時は給料も安く、毎日の生活費を引くとほとんど手元にお金が残らなかったため、親に携帯代を負担してもらっていました」

月140時間、地域おこし協力隊としての活動をすれば、兼業・副業も認められている。その分の収入もあり、3年後に向け、貯金も始めた。

「野菜は農家さんからお裾分けを頂くこともあり、食費はだいぶ減りました。寒暖差が激しい地域のため、光熱費は都会より高くなりますが、2週間に一度は京都や大阪に観劇に行く余裕もあります。地域おこし協力隊として活動の支援を受けている間に、任期終了の3年後に向け、この地で継続できる町と自分の関わり方を考えていきたいです」

## 退任後にNPO法人を設立

地域おこし協力隊は地域に貢献する有期職員ではない。任期終了を待たずに就業したり、起業したりする者もいる。任期後も定住した彼らが、また新たに人を呼び寄せる動きもある。

NPO法人たけのかぞく理事長の小谷芙蓉《ふよう》さん（34歳）は、豊岡市の元地域おこし協力隊だ。活動拠点の豊岡市竹野町は日本海に面し、約1kmにわたる竹野浜海水浴場は日本の渚100選にも名を連ねる。

たけのかぞくの主な事業は、町内の空き家の管理・活用や移住者交流事業だ。竹野への移住者を増やすため、地元の空き家や仕事の情報を発信するほか、移住希望者の相談にあたっている。２０１９年度は３軒の空き家を管理し、移住者などが活用している。

２０１９年度からは特産品の開発・販売事業も開始した。漁網や漁船のスクリューに絡みつき、漁師から厄介ものにされてきたアカモク（ホンダワラ科の海藻）を乾燥させ、袋詰めし「藻食健美　乾燥あかもく」として売り出した。食物繊維やミネラルが豊富で、健康食品として注目されている。

２０１９年度の事業収入は約６８０万円。常勤職員は小谷さん一人だけだが、ＮＰＯの活動のみで生計を立てられるだけの給与を支払えるまでになっている。

「コロナ後は移住の相談も増えました。関西だけではなく、実際に東京から移住してきた家族もいます。ただ、移住者を受け入れたくても、住む場所がないのが問題です。軽度の改修で住める空き家の開拓を進め、移住者を受け入れる体制を強化して、この素晴らしい竹野の町を多くの人に知って欲しいです」

地域おこし協力隊が地域に根付き、移住した元隊員がまた人を呼んでくる。自治体としては理想的な流れだろう。小谷さんら移住支援に関わる元ＯＢの活躍もあり、豊岡市への移住者は2020年12月時点で75名。2019年度の56人を大きく上回っている。

## 霞が関官僚から地域おこし協力隊に

小谷さんは神奈川県横浜市の出身。大学卒業後は自然環境業務を行うレンジャーとして働くことを希望し、2009年4月に環境省にキャリア官僚として入省した。

最初は霞が関の本省に勤務したが、3年目からは念願の現場レンジャーとして国立公園の管理にあたった。それが竹野町を含む、山陰海岸国立公園だった。西は鳥取県鳥取市から東は京都府京丹後市に至る山陰海岸国立公園の管理事務所が竹野町にあったのだ。

都会育ちの小谷さんにとって、竹野町での生活はすべてが新鮮だった。春夏秋冬にメリハリがあり、海も山も姿を変える。夏は観光客で賑わう。竹野浜海水浴場が徒歩圏内にあり、こんな綺麗な海をプライベートビーチのように使える贅沢さに感動した。

環境省の職員として、国立公園内に携帯の電波塔を建てる際の許認可業務など、役人としての管理業務も多かったが、レンジャーとして地域の人とコミュニケーションをとりながら、国立公園の利用を活性化するために遊歩道の整備などをする仕事が楽しかった。

ただ、その生活も長くは続かない。竹野町での生活は3年で終わり、2014年4月には再び霞が関の本省へ。満員電車を避けることはできないが、できるだけ短時間の乗車で済むよう、霞が関から4駅の四谷三丁目駅近辺に家を借りた。家賃は10万円で、広さは30㎡程度（1K）。竹野町とは正反対の窮屈な空間に身を寄せる生活になった。

霞が関官僚の仕事は激務だ。特に国会開会中は、野党議員からの質問通告を待ち、質問の意図がわからなければ、ヒアリングに行く。そうして答弁書を作成したり、大臣へのレクを行ったり、国会対応に明け暮れる。小谷さんはこう振り返る。

「朝は9時くらいに登庁し、退庁は早い日で22時くらい。国会対応などで終電がなくなり、タクシーで帰る日もありました。土日に登庁しなければならないこともあり、各省庁にはもっとハードな部署もたくさんありましたが、自分はこのままでは体が壊れると思いました」

**好きな町から若者が去るのが寂しい**

私は何をしてるのだろう——。先輩を見ても、自分の目指したい将来像ではなかった。自然に囲まれた場所で仕事がしたい。竹野町での生活が恋しかった。

7月、休暇を使って竹野浜海水浴場で開催される「たけの海上花火大会」に向かった。やはり、ここで暮らしたい――。だけど、どうして生計を立てていけばいいのか。

竹野町で働いていた時代に仲良くなった地元住民に相談すると、役場が地域おこし協力隊を募集していることを知った。迷いはなかった。

自分が好きになった町から若者が少なくなっていることが寂しい。でも、何ができるのか。3年の任期の間に考えようと思った。

小谷さんは環境省を退職し、2015年4月に豊岡市に移住した。給料は16万6000円。住居費は市が活動経費として負担してくれた。

NPO事務所前で撮影に応じる小谷さん

着任後は市内の観光案内施設の改修に携わったり、山陰海岸の地質遺産を見ることができるカヌーのインストラクターをしたりもした。改めて生活を始めた竹野町は山と海に囲まれ、新鮮な魚や野菜が地元コミュニティから賄える「本当に贅沢な環境」だった。なぜ、こんな素晴らしい町なのに、若者が都会に出て戻ってこないのか不思議に思った。

自分の大好きな竹野町をみんなに知って欲しい。そうして、入隊2年目にＮＰＯ法人たけのかぞくを設立した。協力隊退任後に知り合った男性と結婚。平屋の古民家を安価で購入し、自分たちで改修した。これからも、竹野町で生きていくつもりだ。

地域おこし協力隊の制度について、小谷さんはこう話した。

「何かやりたいことがあれば、まだ何ができるのかわからない状況でも田舎暮らしをスタートすることができ、実行に向けて3年の準備期間が与えられる。その間に、地域との関係を作ったり、地域のニーズを調べたりすることができます。地方での生活を憧れる人にとって、うまく活用できれば有効な制度だと思います」

## 応募の半数が「ＳＭＯＵＴ」経由

コロナ移住はＩＴ関連や一部のベンチャー企業の話で自分には関係ないと希望を失っていた人でも、地域おこし協力隊という移住法に興味を持つのではないだろうか。

その募集広告はどのように見つければいいのか。次のステップに移りたい読者も少なくないだろう。前出の移住・交流推進機構のアンケート調査によれば、地域おこし協力隊に関する情報の入手源は「自治体のホームページ」が50%とトップで、次点は「家族、親族、友人、知人など」が33%、「移住・交流推進機構のホームページ」が30%と続く。

ただ、コロナ下の移住熱の高まりとともに、二拠点生活を支援するサービスや、移住や事業継承のマッチングサイトが続々と誕生している。

定員17名に対し、56人の応募があった豊岡市だが、応募者のうち28人は地域への移住と関係人口のマッチングサイト「SMOUT（スマウト）」経由だった。豊岡市に限らず、地域おこし協力隊の募集ツールとして自治体での利用が広がっている。

SMOUTは、地方住人（自治体、事業者、個人など）が、移住者や地方に関心のある人を募集し、直接スカウトすることができる「スカウト型」マッチングサービスだ。地域おこし協力隊などの求人情報だけではなく、イベントの告知、また、ゲストハウスの案内など、プロジェクトベースで様々な情報が発信されている。

登録ユーザーが各プロジェクトの「興味ある」ボタンをクリックすると、プロジェクトの起案者が直接、登録ユーザーに連絡が取れる仕組みになっている。592の地域が利用し、登録ユーザーの平均年齢は34・4歳だ（2021年1月14日時点）。2020年5月の緊急事態宣言解除後は、前年比の2倍を超える毎月1000人単位の登録があるという。

地域おこし協力隊の募集に関するプロジェクトは年々増加し、2019年4~12月で214件だったプロジェクト数は、2020年は同期間で前年比2倍以上の434件になっている。SMOUTを運営する株式会社カヤック（神奈川県鎌倉市）の中村圭二郎・ちいき資本主義事業部ディレクターはこう話す。

「求人媒体での募集広告だけでは応募が少なく、課題を持つ自治体が多かった。従来の求人媒体は今いる場所から動くことを前提に閲覧しているユーザーが少ないのかもしれません」

その上で、同社のサービスが広がる背景を中村さんはこう話す。

「SMOUTは移住や地域に関心のある人をターゲットにしており、求人メディアではなく、地域とのコミュニケーションツールです。スカウトを受けた自治体と直接連絡が取れるほか、町が発信するほかのプロジェクトなどを通じ、その町や、そこで活躍する人の姿を知ることができます」

地域おこし協力隊の募集に成功する自治体の多くが、地域のイベントやセミナー、宿泊施設の案内など、複数のプロジェクトを出しているという。「人口減少に伴う担い手不足を解消するため、地域おこし協力隊を募集します」といった募集広告だけでは人は集まらない。その町の活気や魅力が伝わる周辺情報が大事だと中村さんは指摘した。

## ユーチューバーを募集する自治体も

地域おこし協力隊には、いったい、どんな募集があるのか。

移住・交流推進機構のホームページを覗くと、本書執筆時点（2021年1月8日）で、365自治体の地域おこし協力隊の募集情報が公開されていた。自ら応募することもできれば、逆に自身の情報を登録し、自治体からのアプローチを待つこともできる。

地域おこし協力隊の活動としては、地域コミュニティ活動や特産品のPR、観光資源の企画開発や移住支援、農林水産業の担い手といった活動が多いが、各地域が抱える固有の課題を解決する募集や、ユーチューバーを募集する自治体まである。

2021年1月8日時点の情報であり、本書刊行時には募集が締め切られているものが大半だが、いくつかピックアップしてみよう。


【岩手県葛巻町】
・山村留学生の食事、入浴、洗濯、清掃など寄宿舎生活全般における指導および個別の相談対応

・山村留学生寄宿舎等のＰＲ、情報発信（ＳＮＳ、マスコミ取材対応等）など

【千葉県大多喜町】

・有害獣対策に関する業務（有害獣の捕獲から加工に係る技術の習得など）

【栃木県益子町】

・捕獲した有害獣や地場産品を活用した商品の開発、販売、プロモーションなど

・新しい図書館の基本計画づくり

・移動図書館の導入、運行

【長野県安曇野市】

・市が推進する自然保育を外部から見た視点でとらえ、安曇野市公立園で保育士として従事

・自然保育の魅力発信、安曇野自然保育のブランディング

【秋田県東成瀬村】

・東成瀬村の公式チャンネルを YouTube 等に開設し、村に関する情報ＰＲ動画を月に２本以上配信する

・チャンネル登録者数１０００人以上を目指す

政府も地域おこし協力隊を拡大する方針で、その募集内容はこのように多岐にわたる。

ただ、3年という任期に不安を持つ人もいるだろう。任期を終えた地域おこし協力隊の約6割が定住につながっているというが、いったい彼らは何をしているのか。

総務省の調査によれば、起業では飲食サービス業が最も多く、就業では行政関係（自治体職員、議員、集落支援員等）が最も多い（図表8）。

### 田舎に仕事はないは嘘

新潟県南部に位置する人口約5万1000人の十日町市。日本でも有数の豪雪地帯で、高齢化と人口減少に歯止めがかからない地域の一つだ。地域おこし協力隊の制度が開始した2009年度から受け入れを開始し、これまでに74人の隊員を受け入れている。

十日町市の中山間部にある松代地域（人口約2900人）の地域おこし協力隊の研修やサポートを行う一般社団法人里山プロジェクト代表の小山友誉《こやまともたか》さん（42歳）は話す。

「2021年は8名を新規採用し、合計16名になる予定です。十日町市に何かしらの縁のある人や、新潟県が好きな人。首都圏からの応募が多く、相談を受けていても『東京はもう駄

### 図表8 任期終了後定住した隊員の動向

| | |
|---|---|
| **起業** | |
| 飲食サービス業（古民家カフェ、農家レストラン等） | 151名 |
| 美術家（工芸含む）、デザイナー、写真家、映像撮影者 | 110名 |
| 宿泊業（ゲストハウス、農家民宿等） | 104名 |
| ６次産業（猪や鹿の食肉加工・販売等） | 79名 |
| 小売業（パン屋、ピザの移動販売、農作物の通信販売等） | 73名 |
| 観光業（ツアー案内、日本文化体験等） | 51名 |
| まちづくり支援業（集落支援、地域ブランドづくりの支援等） | 42名 |
| **事業承継** | |
| 酒造、民宿の承継等 | 11名 |
| **就業** | |
| 行政関係（自治体職員、議員、集落支援員等） | 302名 |
| 観光業（旅行業・宿泊業等） | 120名 |
| 農林漁業（農業法人、森林組合等） | 86名 |
| 地域づくり、まちづくり支援業 | 74名 |
| 医療・福祉業 | 53名 |
| 小売業 | 46名 |
| 製造業 | 43名 |
| 教育業 | 36名 |
| 飲食業 | 33名 |
| **就農・就林等** | |
| 農業 | 262名 |
| 林業 | 31名 |
| 畜産業 | 12名 |
| 漁業・水産業 | ４名 |

出典：総務省「地域おこし協力隊の定住状況等に係る調査結果」（令和元年度）

目、田舎で暮らしたい』と本気度が違います」

松代地区ではこれまで13人の地域おこし協力隊が任期を終え、そのうち11名が定住している。小山さん自身もその一人だ。

「田舎に仕事はないは嘘です。めちゃくちゃ忙しいです。僕のように大学も出ないでふらふらしていた人間でも、田舎に来れば役割があり、こうして10年以上、住み続けています」

小山さんは東京都練馬区出身。高校卒業後はガソリンスタンドでアルバイトをするも、4年で退職。その後はフリーターとして働き、20代後半からは大好きなウィンタースポーツをするため、雪がない季節は高原バイトをするなどし、スノーボードを担いで雪山を放浪する生活をしていた。

2009年からの半年間は、十日町市に隣接する湯沢町に住んでいた。

「もっと田舎で、雪のあるところに」

そんなことを考えているときに出会ったのが、十日町市役所がホームページで公開していた、当時創設されたばかりの地域おこし協力隊の募集広告だった。

地域おこし協力隊着任時から、小山さんは妻と二人の子どもと43世帯、115人が暮らす（2019年12月31日時点）蓬平《よもぎひら》集落で生活をする。

小山さんは言う。

「地域おこし協力隊になる前は、年間100日は雪山を滑っていましたが、最近は年に1回行けるか、行けないか。田舎暮らしは忙しいんです」

## 日本の原風景を守りたい

65歳以上の人口が9割を超える小さな集落。地域おこし協力隊として着任して以降、現在も新聞配達の仕事を10年続けている。人手の足りない蕎麦屋のアルバイトもすれば、キャンプ場の運営・アウトドアガイドの仕事もする。担い手が見つからない農家に代わり、お米や野菜も作っている。

「雪が積もったらタクシーも救急車も来ない」

高齢化が進む町で、若者の役割は無数にある。

2017年には、地域おこし協力隊の研修やサポートを行う里山プロジェクトを設立。

「たとえ定員に満たない応募でも、ミスマッチが起きそうなら採用はしません。積極的に地域活動に参加せず、普通に暮らせば、毎月5万円程度の貯金はできるでしょう。そうして200万円貯めて辞めていった隊員も見てきました」

小山さんを支えるのは、ちょっとした危機感だ。

「私が暮らす松之山地域には、『にほんの里１００選』に選ばれた美しい棚田がたくさんあります。その棚田を70代、80代の人が管理している。ただ、高齢化には逆らえず、耕作放棄地がどんどん広がり、同時に山暮らしのプロフェッショナルたちが亡くなっていく。日本の原風景を失ってしまうのではないかという危機感が強くあります」

小山さんは先述の通り、東京都の出身だ。コロナ以前から「もう東京は過密で駄目」と感じていた。コロナの影響で雇用も不安定になり、首都圏から地方移住を求める人が増える理由もよくわかる。小山さんはこう話した。

「野菜がたくさんとれたら、お隣さん同士でそれを分け合い、お礼にお酒を持っていく。それぞれが、自分の得意なことやモノをシェアする。四季折々の自然に囲まれながら、お金のことは気にせず、一つの集落が家族であるかのように助け合って暮らす。人間らしい生活がここにはありますから」

# 第五章

# 半農半エックスのリアル

## 兼業農家で生計を立てる

白石広大さん（仮名・41歳）は新規就農を目指し、2020年7月に兵庫県淡路市に妻と、二人の子どもと移住した。

移住のきっかけは、一人目の子どもの誕生だった。生後から当たり前のように求められるワクチン接種に疑問を持った。いろいろと自分で調べるうちに、人間の体に入るものすべてが気になるようになった。その最たるものが、食べ物だ。

オーガニックの食材を買い集めるようになったが、値段も高く、近所のスーパーで買い揃えられるものではない。だったら、自分で作ればいいじゃないか――。エンジニアとして大阪市内のIT関連企業に勤めていた白石さんだが、地方でゆったりと暮らしたいと思っていた。それは、同じく大阪市内で事務職の仕事に就く妻も同じ思いだった。しかし、農薬を使わない自然栽培を学べる場所を探しても、化学農薬や化学肥料を使う「慣行農業」が主流の日本では、一から学べる場所はほとんどない。

２０１５年９月の国連サミットで採択された「ＳＤＧｓ（エス・ディー・ジーズ）」（Sustainable Development Goals／持続可能な開発目標）では、自然由来の地域資源を循環させる持続可能な農業として理解が広がり、北米、欧州を中心に世界の有機食品売上は年々増加している。一方、日本は世界に比べ、出遅れている。耕地面積に対する有機農業の取り組み面積割合は、イタリア（15・８％）やスペイン（９・６％）などと比べ、日本は０・２％と低い（農林水産省生産局農業環境対策課「有機農業をめぐる事情」令和２年９月より）。

何か出会いはないかと、白石さんは農林水産省、厚生労働省が後援する新規就農者向けのイベント「新・農業人フェア」に参加。フェアには全国各地の農業法人経営者や、自治体関係者が集まり、直接、就農相談ができる就農の国内最大イベントだ。

そこで、肥料や農薬を使わず、自然にある家畜の糞や竹などの有機物を利用した農法を実践する橋本自然農苑（和歌山県橋本市）が研修生を募集していることを知る。これだと思った白石さんは当時住んでいた大阪市内のマンションを売却し、会社を退職した。

２０１８年６月から１年間研修を受け、有機栽培のノウハウを学んだ。農業で一家を支えていけるかどうかは不安だったが、何とか生計を立てるメドはあった。

「ＩＴ会社退社後に、取引先の複数のクライアントから、個人事業主として仕事を受けてくれないかという話がありました。将来的には農家として独立したいと思っていますが、取りあえずは兼業農家として生計が立ちそうだと将来の見通しがつきました」

## 農業従事者の約7割は65歳以上

有機栽培の技術を学び、白石さんが移住場所に選んだのが淡路市だった。

「移住を考え始めてから、いろんな自治体に足を運んだりもしましたが、エンジニアとしての仕事で大阪や神戸での打ち合わせが月数回あることは想定したので、大阪圏からアクセスのいいところを考えました」

淡路市は先述の通り、車を使えば、神戸の中心地・三宮までは約40分程度、大阪の中心地・梅田までも約1時間程度で着く。高速バスも走っている。

1年間、農法を学び、用意周到に淡路市に移住してきた白石さんだが、農地を借りるための相談に訪れた「普及指導センター」で、出鼻をくじかれることになる。

普及指導センターとは、就農に向けた技術・経営・資金等に関する情報・相談、就農後の技術・経営指導等を行う都道府県の出先機関で、白石さんが就農を計画する兵庫県下には13機関ある。最寄りの普及センターを訪れるも、

「赤の他人に場所を貸す人はいない。貯金はいくらあるのか？　農業を始めるのは簡単ではない」

白石さんは「追い返されるような物言いだった」と振り返る。

農林水産省の「農林業センサス」（２０２０年）によれば、主な仕事が農業である農業従事者の約7割は65歳以上で、５年間で約40万人減少している。

一方、49歳以下の新規就農者数はここ10年、年間２万人程度だ。耕作放棄地は滋賀県の面積とほぼ同じ約40万ヘクタールに拡大するなど、農業者の減少と高齢化に歯止めがかからない。そうした状況も知っているからこそ、なぜ、やる気に満ちた自分が厄介者のような扱いをされるのか理解できなかった。

## 農業所得の平均値は１０９万円

ただ、これは全国の農業関係者の名誉にかけ補足しておくが、すべての自治体がこのような対応をとっているわけではない。後述するが、補助金や地域おこし協力隊制度などを利用し、何とか農家の担い手確保に努力する自治体は数多くある。

しかし、新規就農が簡単ではないことは確かだ。先の普及指導センターの態度は、その裏返しでもある。筆者のような記者業はパソコン一つあれば始められるが、農業を始めるとなれば、農地を耕すトラクターなど、数百万単位のお金が初期投資として必要になってくる。それを回収するだけの収入すらなかなか得られない。

「新規就農者の就農実態に関する調査」（全国農業会議所・平成28年度）によれば、就農1年目に要した費用の平均は569万円。その内訳は、機械・施設等への費用が411万円、種苗・肥料・燃料等への費用が158万円だ。

一方、就農しておおむね10年以内の、新規就農者の農業所得（収入から必要経費を差し引いた金額）の平均値は109万円で、「おおむね農業所得で生計が成り立っている」新規就農者は全体の24・5％に過ぎない。

本書はあくまで移住を主題としており、詳細な説明は割愛するが、農地の確保自体が難しい。農地の権利移動には、農地法第三条という大きな壁が立ちはだかるのだ。

「農地又は採草放牧地について所有権を移転し、又は地上権、永小作権、質権、使用貸借による権利、賃借権若しくはその他の使用及び収益を目的とする権利を設定し、若しくは移転する場合には、政令で定めるところにより、当事者が農業委員会の許可を受けなければならない」（農地法第三条）

簡単に言えば、農地を借りたり、買ったりするには、営農計画などを提出し、農業委員会の許可を得なければならないのだ。たとえ、農地所有者が貸してあげる、売ってあげると言っても、「非農家」の第三者はそれを勝手に利用することはできない。農業委員会とは、農地法に基づく農地の売買・貸借の許可、農地の転用案件への意見具申など、農地に関する事務を執行する行政委員会で、原則、市町村ごとに設置されている。

農家の息子が親の農地を使って農業を始めることには問題はないが、新規就農者の約7割は親族等から農地を引き継ぐわけではない「非農家」だ。担い手不足と言われる一方、農業の新規参入のハードルが高いことだけは確かである。

## 戦後農政史の大転換期

政府はおおむね5年ごとに、農政の今後10年程度先までの中長期ビジョン「食料・農業・農村基本計画」を策定している。2020年3月31日に閣議決定された最新の計画では、2030年までに食料自給率をカロリーベースで37%（2018年）から45%に、生産額ベースで66%（2018年）から75%に、また、農林水産物・食品の輸出額を5兆円まで伸ばすなどの数字目標を掲げた。

江藤拓・前農林水産大臣は、閣議決定を受け、談話を発表している。

「我が国の農業・農村は、人口減少に伴う国内マーケットの縮小、農業者の減少・高齢化が深刻化するとともに、グローバル化の一層の進展、頻発する自然災害やCSF（豚熱）の発生、さらには、新型コロナウイルス感染症など、新たな課題に直面しています。私は、今回の基本計画の見直しにおいて、地域をいかに維持し、次の世代に継承していくのか、という視点が重要であり、そのためには、国内農業の生産基盤の強化が不可欠であると考えています」（農林水産大臣談話／2020年3月31日）

ただ、その心意気とは裏腹に、生産現場の状況はあまりに脆弱だ。生産基盤の強化が不可欠なことは長らく指摘されていることで、政府はどのような施策を打つのか。

そこで新たな担い手として期待されているのが、実は、白石さんのような存在なのだ。具体的には、別に仕事を持ちながら農業を営み、複数の仕事で生活に必要な所得を確保する「半農半X」などの多様な人材だ。半農半Xは、京都府出身の塩見直紀さんが著書『半農半Xという生き方』（ちくま文庫）などを通じ提唱している、半自給的な農業とやりたい仕事を両立させる生き方を指す。

農林水産省は2020年4月に「新しい農村政策の在り方に関する検討会」を設置し、半農半Xの本格調査を開始した。同検討会座長で、『農山村は消滅しない』（岩波新書）などの著書のある明治大学の小田切徳美教授（農政学・農村政策論）はこう話す。

「日本の農政は戦後一貫して、専業農家の育成を中心に施策を講じ、兼業農家を減らす方針でした。それが、農水省が自ら指揮をとり、半農半Xの本格調査を始めるなど、近年の農政の大きな転換点と言えます」

そもそも、半農半Xと同意の兼業農家は、特別新しい存在ではない。農家は江戸時代から「百姓」と呼ばれ、筆者の住む淡路市などでも高齢者は農家ではなく百姓と呼ぶ人も多い。百姓とは、百の仕事をこなせる人という意味で、複数の仕事を兼ねていた。

しかし、戦後は専業農家の経営規模の拡大が最優先され、農地の利用権を手放さない兼業農家は邪魔な存在とされ、１９８１年には「兼業農家雑草論」論争が巻き起こった。大規模農地を整備するため、兼業農家の持つ小さな農地が邪魔な雑草扱いされたのだ。

## ４００万円の所得確保を目指し支援

そのような歴史を考えると、農政の舵を取る農林水産省自らが半農半Xの調査を始め、農業以外の仕事をする人も担い手として期待する背景には、それだけ深刻な担い手不足があるのだろう。

折しも、新型コロナ感染拡大の影響で「低密」な地方に注目が高まり、農業への関心が高まっている。農業・酪農求人サイト「あぐりナビ」では、2020年4月以降、毎月の会員登録者が前年同月比2倍の約3000人になった。同サイトを運営するアグリメディア・コーポレート本部の多田正大さんはこう話す。

「STAY HOME生活とは真逆の、屋外で働く農業という職業に注目が高まったのではないか。背景には、マスクが届かないなどの日本の供給体制への不安から、国内で食べ物を生産することへの関心が高まった一面もあると思います」

農業に関心が高まることは同社にとっても歓迎だが、諸手を挙げて歓迎できない事情もあるようだ。

「いくらハローワークに求人を出しても人が集まらないという生産者を助けるため、弊社のような農業・酪農に特化した求人メディアがあります。しかし、新型コロナ感染拡大の影響で就農への関心が高まり、ハローワークから人が集まり始めています」

こうして、農業への関心が高まるなか、政府としてもこの移住熱を取り込みたい狙いはあるだろう。農林水産省は、2020年7月29日から8月24日にかけ、半農半Xの実践者を対象としたＷｅｂアンケート「農業と様々な仕事を組み合わせた暮らしについてのアンケート調査」を実施し、１４５件の回答を得ている。

結果は「農業所得１００万円未満」が全体の約7割を占めた。また、「農業以外の仕事のうち、最も所得の多い仕事の年間所得」は３００万円未満が53・８％だった。母数も少なく、農林水産省のＷｅｂサイトに掲載したアンケートからの回答であり、実態を正確に表しているとは言えないが、農林水産省の庄司裕宇《ひろたか》・農村計画課長はこう話す。

「コロナ以前からあった田園回帰の流れが加速している。４００万円程度の所得が確保できるような支援策やモデルを提示できれば、新たな担い手としての半農半Ｘが増えていくのではないか」

農林水産省は検討会を経て、具体的な支援策をまとめる予定だ。

## 農業大国・北海道の挑戦

コロナ禍を追い風に、半農半Ｘが日本農業の生産基盤強化になるのか。リモートワークの普及で働き方も変わるなか、農業大国・北海道も動き出している。

ＪＡグループ北海道は「農業をするから、農業もする時代へ」をキャッチコピーに、別の仕事をしながら農業をする人を「パラレルノーカー」と位置づけ、２０２０年７月には公式サイトを開設するなど、その普及に努めている。

ＪＡ北海道中央会ＪＡ総合支援部の林亮年《あきとし》課長はこう話す。

「コロナの影響で外国人技能実習生の入国にも制限がかかり、人手不足が深刻化しています。観光産業や飲食業が大打撃を受ける中、副業の一つとして農業に関心を持って欲しい」

その一環として、道内で導入が広がるのは、農家と農作業をしたい人を「１日単位」でマッチングするアプリ「１日農業バイト　ｄａｙｗｏｒｋ」だ。２０２０年末時点で、道内30のＪＡ（農業協同組合）が導入している。

農家側が日時や作業内容、日給などを入力し、応募者を集める。作業内容の動画や現地の地図が見られるようになっており、多くの応募者を獲得している。一般社団法人・農林水産業みらい基金から助成を受け、農家も利用者も無料で利用できるという。

アプリを開発した鎌倉インダストリーズ（神奈川県鎌倉市）の原雄二社長は話す。

「農家のアルバイトはこれまで数週間単位のものが多く、それも繁忙期だけとなると、人集めが大変でした。１日という短期から応募できることで、本業を持つ人や学生などにも間口が広がります」

一方、アプリを導入するＪＡさらべつ（更別村農業協同組合）経営相談部長の大野勝広さんはその効果をこう話す。

「コロナの影響で観光産業や飲食関係の人たちの職が不安定になった影響もありますが、１日単位で副業として農家の仕事ができると、若い応募者が集まっています。畜産とは違い、年間を通じた作業のない畑作では外国人技能実習生の受け入れができません。繁忙期の季節労働者として、パラレルノーカーが大きな力になります」

## 半農半Ｘの先駆け島根県

「北海道版半農半Ｘ」であるパラレルノーカーの普及は始まったばかりだが、全国に先駆けて半農半Ｘを担い手と位置づけ、手厚い支援をしているのが島根県だ。

島根県では２０１０年から「半農半Ｘ支援事業」を開始（事業創設当初は「農業＋α」という名称）した。島根県農業経営課・課長の田中千之さんは、

「中国山地エリアというのは小さい農地での小農と、たたら（製鉄）や、たたらに関連する運搬などの仕事、養蚕などの合わせ技で生活してきた歴史があり、もともと半農半Ｘの素地があった」

そう指摘したうえで、こう話す。

「U・Iターンでの移住者が新規で農業を始めるにあたり、栽培技術の習得や、農地、販路、住宅の確保等の様々なハードルがありますが、最も大変なのが所得の確保です」

半農半Xへの具体的な支援はこうだ。

県外からのU・Iターン者で、就農時の年齢が65歳未満、販売金額50万円以上の営農を目指す人を対象に、就農前、就農後のそれぞれ最長1年間、月額12万円を助成し、営農に必要な設備費用も上限100万円を助成する。

島根県は2020年3月末時点で、74人を「半農半X実践者」に認定、うち68人が現在も県内各地で半農半Xに取り組む。実践者の家族を含めると、これまでに119人が島根県に移住、定住している。

また、着目すべきは、この半農半X実践者の約7割が、農業部門の施策である半農半X支援事業だけではなく、就農前の1年間、地域振興の施策であるふるさと島根定住財団の「産業体験事業」を利用していることだ。

産業体験事業は島根県へのU・Iターン者を対象とした制度で、農業・林業・漁業・伝統工芸・介護分野の産業を体験する場合、月額12万円の体験者助成金を支給している。中学生以下の子連れ体験の場合は、1世帯当たり3万円の親子連れ助成金も加算される。

つまりは、島根県で半農半Xでの新規就農を目指す場合、二つの制度を利用し、3年間は月額12万円の補助が受けられる仕組みになっているのだ。

## 国から年間150万円の交付金

また、この3年間の農業経験のなかで「認定新規就農者」と認められれば、国の主要な新規就農者支援策である「農業次世代人材投資資金」の対象に入ることは見逃せない。

認定新規就農者となるには、経営開始5年目までに農業で生計が成り立つ実現可能な計画を作成し、それが市町村に認められるなどの条件がある。

晴れて、認定新規就農者となれば、次世代を担う農業者となることを志向する49歳以下の者を対象とした農業次世代人材投資資金の対象になる。同資金には就農前の「準備型」と、就農後の「経営開始型」の二種類があるが、対象となるのは後者だ。1年当たり最大150万円の補助を最長5年間受けることができる（準備型は最長2年）。

半農半X事業を利用した場合は最長4年となるが、それでも、地域振興の施策であるふるさと島根定住財団の「産業体験事業」（1年）、農業施策である「半農半X支援事業」（2年）、国の「農業次世代人材投資資金」（4年）を合わせた最長7年間は、県や国の補助を受けながら、新規就農を目指し、経営確立を目指すことができるのだ。

ただ、課題もある。島根県による半農半X実践者へのアンケートによれば、移住前に比べて生活の幸福感や周囲の自然環境への満足度は高いものの、所得面の満足度は低い。次章で詳述するが、田舎暮らしは生活費が安く抑えられると思われがちだが、期待するほど安くはならない。県や国の補助を頼っても、まだまだ十分な所得を稼げるわけではない。

だからこそ「X」部分で所得を確保するという狙いだが、X部分に十分な就労の場があるわけではない。コロナ下ではリモートワークの普及で光明を見出せるかもしれないが、島根県の半農半X実践者68人のうち、X部分の最多は新聞配達やホームセンターなどで働く「半農半サービス」で、農業法人などに勤務する「半農半農雇用」が続く。

「X部分は本人のやりたいことが中心になりますが、地域の実情に合わせた紹介も行っています」（田中課長）

その一つが「半農半蔵人《くらびと》」だ。酒造りを支える職人である蔵人の仕事は、冬場に仕事の少ない農業者にとっては最適で、酒蔵も繁忙期の季節雇用者が確保できる。島根県では、県内の酒造会社に声をかけ、季節労働者の求人を集約し、半農半蔵人を募集している。

## 半農半蔵人で生計を立てる

島根県西部の中山間地域に位置する人口約1万人の邑南《おおなん》町。面積は約420㎢と県内で最も広く、86%を山林が占める。そんな自然豊かな村でとれた酒米と天然の湧き水で醸造した地酒を造る池月酒造（邑南町阿須那）で、2013年から沼田高志さん（31歳）は働いている。

ただ、酒蔵で働くのは毎年11月頃から3月まで。その他の期間は、農家として働く。昨年は売り上げから経費を差し引いた農業所得が約230万円、酒蔵で蔵人として働く収入が約120万円あった。

「冬場は雪が多く、露地野菜の栽培は困難です。逆に冬場に繁忙期を迎える酒蔵で働くことで、安定した収入を確保することができ、家庭を支えるだけの収入を得ることができます」

沼田さんは兵庫県南あわじ市出身。新規就農を目指し、2012年に邑南町に移住した。地元も農業が盛んな地域であるが、新規就農の情報を集めるなか、自治体によって支援がまったく異なることに気が付いた。大阪で開催された「新・農業人フェア」に参加し、島根県の取り組みを知った。ここでなら独立を目指せると感じた。

自ら収穫した酒米で造った日本酒を持つ沼田さん

ふるさと島根定住財団の産業体験事業を1年、半農半X支援事業を2年利用し、地元農家の元で農業を学んだ。町から認定新規就農者としても認められ、農業次世代人材投資資金を4年間利用した。沼田さんはこう振り返る。

「最初の3年間は12万円の補助でしたが、家賃7200円の町営住宅に住み、将来に向けて毎月2万円を貯金しました。元々お酒が好きで、いつかは自分が作った米でお酒を造りたいと、半農半蔵人に応募しました。例えばお米を作るために必要な農機具を揃えようとすれば、2000万円近くの設備投資が必要になります。栽培技術もなく、農業収入が見込めないなかでの新規就農は難しい。所得を補塡《ほてん》する仕組みがあれば、農家として独立を目指すことができます」

2018年には地元邑南町出身の女性と結婚。翌年には子どもが生まれた。2019年からは補助を受けず、半農半蔵人として生計を立てている。

まとまった農地の確保が課題だったという沼田さんだが、妻の実家が米農家で、まとまった農地と農機具も引き継いだ。

「それでも、老朽化したものを買い替えたりして、昨年は稲作で900万円程度の収入がありましたが、経費を引くとほとんど残りません。来年は稲作で1200万円程度の収入を目指しますが、手元に残るのはだいたい1割程度です。露地野菜の栽培や酒蔵の仕事を続けながら、農地の規模を拡大し、農家だけでも食べていけるようにしたいです」

沼田さんは蔵人としても信頼が厚く、今では酒造りの一切を取り仕切る杜氏《とうじ》だ。念願の、自身で収穫した酒米を使った日本酒も造っているという。

**地域おこし協力隊として新規就農**

典型的な中山間地域である邑南町は、半農半X事業を進めるにも「X」部分の仕事が少ないのがネックとなる。蔵人の需要が無数にあるわけではない。

そこで担い手不足の解消に利用するのが、前章で取り上げた地域おこし協力隊としての受け入れだ。邑南町のみならず、農家の担い手不足に同制度を利用する自治体は多い。

農業次世代人材投資資金には就農前の「準備型」もあるが、「都道府県等が認めた研修機関等で概ね1年以上かつ概ね年間1200時間以上研修を受けること」などが交付要件になっており、非農家にはハードルが高い。その点、地域おこし協力隊としてなら、非農家で未経験であっても、生活を担保されながら新規就農を目指すことができる。

広島県安芸郡府中町の出身の石井湧貴さん（26歳）、大貴さん（24歳）は、2020年4月に兄弟で邑南町に地域おこし協力隊として移住した。二人とも同じ工業高校出身で、卒業後も広島市内の同じセキュリティカメラなどを製造する工場で働いていた。

2019年8月、兄の湧貴さんはふと提案した。

「農業しないか？」

ただ、田舎暮らしがしたい。田舎と言えば、農業だろう。具体的に田舎に行って何をするかという計画はなかったが、弟の大貴さんは話に乗った。

兄の湧貴さんが「人生一回きり。工場は毎日同じことの繰り返しで、生涯、この仕事を続けるのは嫌だった」と言えば、弟の大貴さんも「頑張っても利益は会社に行く。自分の力で稼ぐ仕事がいい。動くなら早いほうがいいと思った」と振り返る。

9月には広島市内であった移住イベントに参加し、新規就農者を募る自治体を巡るバスツアーにも参加した。そのなかで、地域おこし協力隊として新規就農者を受け入れる邑南町の提案は魅力的だった。

「未経験で何からすればいいかわからない状態ですが、最低限の生活費はもらえるし、野菜ではなく『ぶどう』をつくるというのが魅力的だった」（弟の大貴さん）

## 就農5年目に620万円の農業所得

邑南町が地域おこし協力隊を募集する背景には、単なる農家の担い手対策としてではなく、町の名産品作りという目的もある。その名産品が、島根県オリジナルのぶどう「神紅《しんく》」だ。ベニバラードとシャインマスカットの掛け合わせにより生まれたぶどうで、糖度が20度以上と高く、皮ごと食べられる。

邑南町役場農林振興課・統括課長補佐の金山功さんは話す。

「農業の町だが、これといった名産がない。神紅の生産者を増やしたいが、植え付けから収穫まで3年がかかる。そこに新規就農者を挑戦させるため、地域おこし協力隊の制度を使えないかと考えました」

邑南町で就農を目指す地域おこし協力隊「おーなんアグサポ隊」は、２０１４年度にスタート。神紅の生産者を目指す「おーなんアグサポ隊ぶどう就農モデル」は、２０２０年から

地域おこし協力隊として就農した石井さん兄弟

スタートし、現在、石井さん兄弟を含む5名が活動中だ。

アグサポ隊のぶどう就農モデルはこうだ。

1年目はアグサポ隊が管理するハウス（10アール）と露地（30アール）で主に野菜の栽培の基礎を学び、島根県立農林大学校の圃場《ほじょう》（農産物を育てる田んぼや畑のこと）でぶどうの栽培研修を学ぶ。2年目は、農林大学校の「農業科短期養成コース」に入学し、農業経営者として必要な専門知識やぶどう栽培を学ぶ。この研修2年目にぶどうを定植し、就農1年目にあたる4年目から収穫できる体制を整える。

そして、地域おこし協力隊としての3年目は、定植したぶどうの自主管理を行いながら、自営に向けた就農計画を準備する。そうすることで、4年目以降は年間最大150万円の農業次世代人材投資資金の対象となるのだ。邑南町では就農5年目の経営モデルとして、作付け面積40アールで、約620万円の農業所得が得られるとしている。

弟の大貴さんはこう話す。

「初期投資としてハウスを作るのに高額な費用がかかりますが、ＪＡのぶどうリースハウス事業を活用し、初期投資を抑えることができます」

非農家の新規就農者の独立、自営の道として地域おこし協力隊は最も有効な担い手の育成策に思える。それだけ、農地も農機具も持たない非農家の新規就農は難しいのだ。

ただ、島根県のような手厚い支援を全国の農山村の自治体が行っているわけではない。国の農業次世代人材投資資金を活用し、半農半Xでの自立にたどり着こうとする夫婦もいる。

### 手取り400万円あれば贅沢できる

徳島県勝浦《かつうら》町のみかん農家、石川翔さん（32歳）、美緒さん（33歳）夫妻は、東京からの移住者だ。ともに東京都内で会社員として働いていた二人だが、いつかは独立して、夫婦一緒に働きたいと考えていた。翔さんはこう振り返る。

「東京での起業は家賃などの固定費も高く、常に流行り廃りに左右されてしまいます。視野を広げ、地方での起業を考えました」

移住先は寒さが苦手だったことから、温暖な地域を候補とした。とはいえ、移住先でどうして生計を立てるのか、具体的なイメージはない。半年程度、働かずとも暮らしていけるだけの蓄えはあったが、起業のための十分な資金はない。

そんななか、2015年8月に四国の移住相談イベントに参加し、勝浦町の移住相談員と出会った。そこで提案されたのが、跡継ぎがおらず将来的に事業が継続できないみかん農家の後継者探しだった。

「正直、農業はまったく考えていませんでしたが、すでに収穫できる畑を引き継ぎ、販路もある。最初から夫婦で収入を得ていけることに魅力を感じました」（翔さん）

翌月には実際に勝浦町を訪れ、後継者を探す農家に会った。年間400〜500万円の売り上げが見込め、そのうち経費は200万円程度。住む場所も準備され、家賃は農地の賃借料を含め、年間数万円。これならやっていけそうだと、夫妻はそれぞれ会社に辞職届を出し、2016年4月に勝浦町に引っ越した。

役場のサポートを受けながら経営計画を立て、農業次世代人材投資資金（経営開始型）の交付も決まった。石川夫婦は非農家で、農家としての経験はない。しかし、経営を継承する場合には、新規作目の導入などの経営リスクを負うと市町村長に認められれば、対象となる。夫婦の場合は年間225万円だ。

「畑をそのまま引き継げると言っても、車を買ったり、借りた古民家の改修をしたり、貯金はほぼなくなりました。人材資金がなければ、早くに生活に困っていたかもしれません」（翔さん）

収穫期を迎えたみかん畑に立つ石川さん夫婦

夫妻が栽培するのは収穫時期の遅い、晩生みかん。収穫時期は11～12月いっぱいで、収穫物を出荷し、初めて現金収入を得たのは２０１７年に入ってからだ。当初は出費ばかりだが、農業次世代人材投資資金が夫婦の生活を支えた。

ただ、農業次世代人材投資資金を受給できるのは最大５年。２０１９年は青果販売だけで４２０万円を売り上げたが、半分以上は経費で消える。

しかし、二人は生計を立てる準備をすでに始めている。自宅１階を農業民宿に改装し、古本屋も始めた。そのほか、お祭りのときに屋台を出したり、自ら修得した床張りのワークショップを開いたり、昨年は「X」部分で約１００万円を売り上げた。

翔さんは話す。

「いろんな仕事をしながら、耕作面積を増やして所得を上げ、家計を安定させていきたい。地方なら手取りで300万円あれば夫婦の生計は成り立ち、400万円も稼げば、贅沢な暮らしができますから」

コロナの影響を受け2020年は休業状態だった農業民宿の再開のメドがたてば、X部分の収入の増加が見込める。年によって相場が変動する卸売り市場への出荷以外にも、自身が手掛けるホームページでの販売の割合が増え、固定ファンもついてきた。農家だけで十分に生計が立つようにすることが、当面の目標だという。

## 農地付き空き家が人気も売買には制限

「はじめに」で書いた通り、筆者も半農半Xを目指す一人だ。章頭の白石さん同様、担い手不足が深刻化する状況で、農地を借りることさえ大きな制限があることなど、想像もしなかった。農業を復興させる気などないのではないかというのが正直な感想だ。

儲からない上に重労働、それも、初期費用が何百万円単位でかかるとなれば、新たに就農を目指そうと思う若者も少なくなるだろう。そもそも、生計のメドがたつビジネスであるならば、息子・娘世代に継承されているはずだ。農家自体が後を継がすことを躊躇《ちゅうちょ》し、現状の農家の高齢化と耕作放棄地の拡大が進んでいる。

ただ、筆者のように兼業農家を目指すわけではないが、家庭菜園レベルで農業を始めたいという移住希望者は多いだろう。その場合も、自宅の庭にプランターなどを置いて栽培する場合はいいが、162ページで書いた農地法第三条が立ちはだかり、農地利用には制限が多い。

群馬県南西部の安中《あんなか》市はコロナ下に農地取得の基準を大幅に緩和した。空き家バンクに掲載する「農地付き空き家」が人気だが、以前の基準だと売買が進まない状況だった。

2009年の農地法改正で農業委員会の判断による下限面積の引き下げは可能となっているが、それまでは原則50アール（5000㎡）以上でなければ農地の売買はできなかった。家庭菜園レベルの広さではない。

安中市の担当者はこう話す。

「安中市の場合は下限面積を30アールと設定していますが、それでも、家庭菜園レベルで農業を楽しみたいという人には広過ぎます。そこで1アールからでも売買できるようにしたことで、農地付き空き家バンクの売買が進むようになりました」

群馬県内では安中市に続き、富岡市や桐生市も同様の取り組みを実施している。家庭菜園レベルの小さな農業であっても、使われない農地が少しでも再生すれば、日本の農業界にとっては喜ばしいことだろう。

# 第六章

# 都会人が知らない
# 田舎暮らしのトリセツ

## 1　住居

### 移住したくても住む家がない

本書を手にして頂いた読者の大多数は、移住に関心があり、すでに情報収集を開始するなど、何かしら移住に向けて動き出している人だと思う。

ここまで本書では、コロナ下の移住者の動きをルポしてきたが、本章ではコロナ移住当事者である筆者の体験も交え、実用的な地方移住の現実と知恵を書いていきたい。

政令指定都市の一つである神戸市で生まれ育ち、社会人になってからはその大半を東京都内で過ごした筆者のように、都市部でしか生活したことがない人にとって、地方には思いもよらない現実が多々ある。

これまで、移住の最大のハードルは仕事だった。それが、リモートワークの普及により、限定的ではあるが、都市部で働きながら地方に住むことが可能になり、早々に移住に踏み切る人が出てきたことは、ここまで書いてきた通りだ。

移住に際し、二番目のハードルとなるのが住居だろう。一定の人口が居住していたり、近くに大学や大きな企業があったりすれば話は別だが、風光明媚な農山村を目指せば目指すほど、住居の確保が困難になる。都市部のように、賃貸物件情報サイトで複数の物件を見比べるような余裕はない。

筆者の暮らす淡路島も、ご多分に漏れず、同様の問題を抱えている。前出のＮＰＯ法人あわじＦＡＮクラブの赤松清子・専務理事はこう話す。

「移住したいという人は多いですが、移住者が希望する家が見つからず、移住したくても移住できない人がたくさんいます」

実際、淡路市の不動産業者の取り扱い物件を集約する賃貸情報サイト「アレイン」に登録された淡路市内の賃貸物件は12件しかない。売買物件は９件に過ぎず、売り土地は１０３件（２０２１年２月20日時点）あるが、土地勘のない場所でいきなり家を建てるのは気が引けるだろう。

## 空き家バンクとは何か

だけど、田舎には空き家がたくさんあるのでは？

実際、筆者もそうしたイメージがあり、まさか家探しに困るとは思ってもいなかった。確かに空き家はある。山のようにある。ただ、空いているからと言って、簡単に貸してくれたり、売ってくれたりするものではない。その理由は後述する。

一方、移住者に開かれた空き家もある。それが「空き家バンク」だ。地方自治体が空き家の登録を募り、利用を希望する人に物件情報を紹介する制度で、主な目的は、移住の促進である。空き家バンクは全自治体の約４割（７６３自治体）が設置済みで、約２割（２７６自治体）が準備中、または設置予定といった状況だ（２０１９年4月末時点）。

ただ、開示情報が自治体によって異なる上、特定の移住先が決まっているなら話は別だが、探す側からすれば自治体の空き家バンクを一つずつ確認する必要が出てくる。そうした手間もあり、マッチングがうまく進まなかった。

そこで２０１８年度からは、希望者が全国的に空き家を探すことができるよう、国土交通省が選定した2社（株式会社ＬＩＦＵＬＬ、アットホーム株式会社）により、「全国版空き家・空き地バンク」の運営が始まっている。不動産大手のポータルサイトが運営することにより、ユーザーからすれば使い勝手がよく、条件にあった物件を複数のエリアから一斉に検索できるようになった。

全国版空き家・空き地バンクには２０１９年４月末時点で６１２自治体が参加し、４３３自治体が物件情報を掲載している。もっとも、全国の自治体が全国版空き家バンクに参加しているわけではなく、参加表明率は34・２％だ。

## 登録戸数の伸び悩みに四苦八苦

総務省の調査（平成30年住宅・土地統計調査）によれば、空き家の総数は１９９８年の５７６万戸から、２０１８年には約８５０万戸（全国の総住宅数の13・６％）と、20年間で約１・５倍にまで増えている。空き家が増えれば安全性や公衆衛生の悪化、景観の阻害を招き、地域住民の生活環境に悪影響を及ぼす。

空き家問題を解決するため、２０１５年には「空家等対策の推進に関する特別措置法」が施行された。

「市町村は、空家等及び空家等の跡地に関する情報の提供その他これらの活用のために必要な対策を講ずるよう努めるものとする」とされ、その情報提供の一つとして空き家バンクの設置が進められているわけだが、その運営状況はかんばしくない。

総務省は2017年10月から2019年1月にかけ、空き家対策に関する実態調査を実施。対象は全国の93自治体（人口20万人以上／22、5万人以上20万人未満／33、5万人未満／38）で、人口規模の小さな自治体ほど空き家バンクの運営率は高く、空き家バンクを運営する55自治体中、53自治体が空き家バンクの目的を「移住者の定住促進」としていた。

ただ、空き家バンクを運営する55自治体中29自治体が「運営は低調」と答えており、その最たる理由が「登録戸数の伸び悩み」だった。ポスターの掲示や固定資産税納税通知書の送付時に空き家バンクの周知を促すなど様々な工夫をしているが、なかなか登録には至らない。

移住者に人気のある自治体では、空き家の掘り起こしに必死だ。

人口約24万人の長野県松本市は2019年11月、空き家対策の一環として市独自の空き家バンクサイトを設立。コロナ下でアクセスが急増し、2020年4月から7月の間に421件のアクセスがあった。アクセスの65％は県外で、移住希望者の関心の高さが窺えた。

一方、サイトへの登録物件は10件程度。松本市都市政策課の担当者は「需給のバランスが全くあっていなかった」と話す。

こうした事態を受け、松本市は2020年11月より、市が把握する2839件の空き家所有者を対象にアンケート調査を開始。所有者や相続人と接触し、年度内に100件の登録を目指すが、10件に1件は人が住めないような状態のものもあるという。

## 空き家バンクの登録が増えない理由

なぜ、空き家バンクの登録が伸びないのか。松本市都市政策課の担当者はこう話した。

「地方では親から引き継いだ家にそのまま住んでいるケースが多く、家への愛着が強くて、簡単に人に貸したり、売ったりはしません。代替わりのタイミングで相続ができていればいいのですが、そのタイミングを失うと、ただただ古く、住めない家になってしまいます。息子世代からすれば壊すのにも何百万単位のお金がかかるため、固定資産税を払い続けてでも、ずるずると空き家のまま放置してしまうのです」

これは松本市に限った話ではなく、地方では同様にある話だ。

地方の高齢者には「先祖代々の土地は守る」といった意識が強いだけではなく、小さなコミュニティのなかでの世間体がある。たとえ、利用していなかったとしても、自宅を売買したり、賃貸したりすることで、お金に困っているのではないか――簡単に言ってしまえば、周囲から貧乏と思われたくないのだ。

それでも、息子世代になれば、感覚も変わる。地元を離れているなら、なおさらだ。ただ、軽度な改修で活用できる状態であれば売りに出せばいいだけの話だが、地方ではなかなか買い手が見つからない上に、相続未登記という問題が発生する。

土地や家屋の所有者が亡くなると、新たな所有者となった相続人は相続登記をし、名義変更の手続きをしなければならないのだが、これは義務ではない。所有者が生前に遺産を誰にどのような割合で引き継ぐのか、故人が遺言を残したり、「遺産分割協議」を行っていたりすればいいのだが、これも義務ではなく、期限も定められていない。息子世代からその孫世代と続くと、もはや所有者を特定するのは難しい。

今やこうした相続未登記を理由に、所有者不明の土地が九州全土の面積を超える全国の約2割に達する。法務省は相続や住所変更時の登記を義務づけ、違反すれば過料の対象とする民法や不動産登記法の改正案を2021年の国会で成立させる構えだ。

首都圏の資産価値のある不動産なら話は別だが、名義変更の登記に地方でも十万円単位のお金がかかり、また、売却どころか、解体に数百万円かかるとなれば、都会に散らばった息子、娘たちが膝を突き合わせて今後について話し合う場を作ることは難しい。

さらに、相続人が決まったとしても、生前の所有者が残していった残置物の撤去は大変な作業となるため、固定資産税を払い続けてでも空き家として放置するのだ。

実際、国土交通省住宅局が、調査対象世帯が現住居以外に所有している空き家を調査したところ、現在の利用状況のトップは「物置、長期不在、取り壊し予定」などが過半の約53％を占める。建築時期は１９８０年以前のものが全体の7割を占め、今後の予定は建築時期が古いほど「空き家にしておく」と答える割合が高い。

その理由のトップは「物置として必要」で、第2位に「解体費用をかけたくない」が続く（図表9）。「物置として必要」とは、自身のものではなく、生前の所有者の物が含まれることは容易に想像がつく。

## 空き家の改修に１０００万円以上

このように登録数が伸び悩み、各自治体が苦労してはいるものの、少しずつ空き家バンクの登録は増えつつあり、移住者の住居確保に一役買っている。空き家の開拓に地域おこし協力隊を活用する自治体も多い。

ただ、登録された空き家バンクにも注意が必要だ。

第一章で関上さんがリフォームにお金がかかりそうなものばかりで、空き家バンクの利用を諦めたと話していたように、登録されている空き家物件とは言え、首都圏の賃貸物件のようにそのまま住める状態のものばかりではない。むしろ、そうした空き家は稀だろう。

**図表9　空き家にしておく理由**

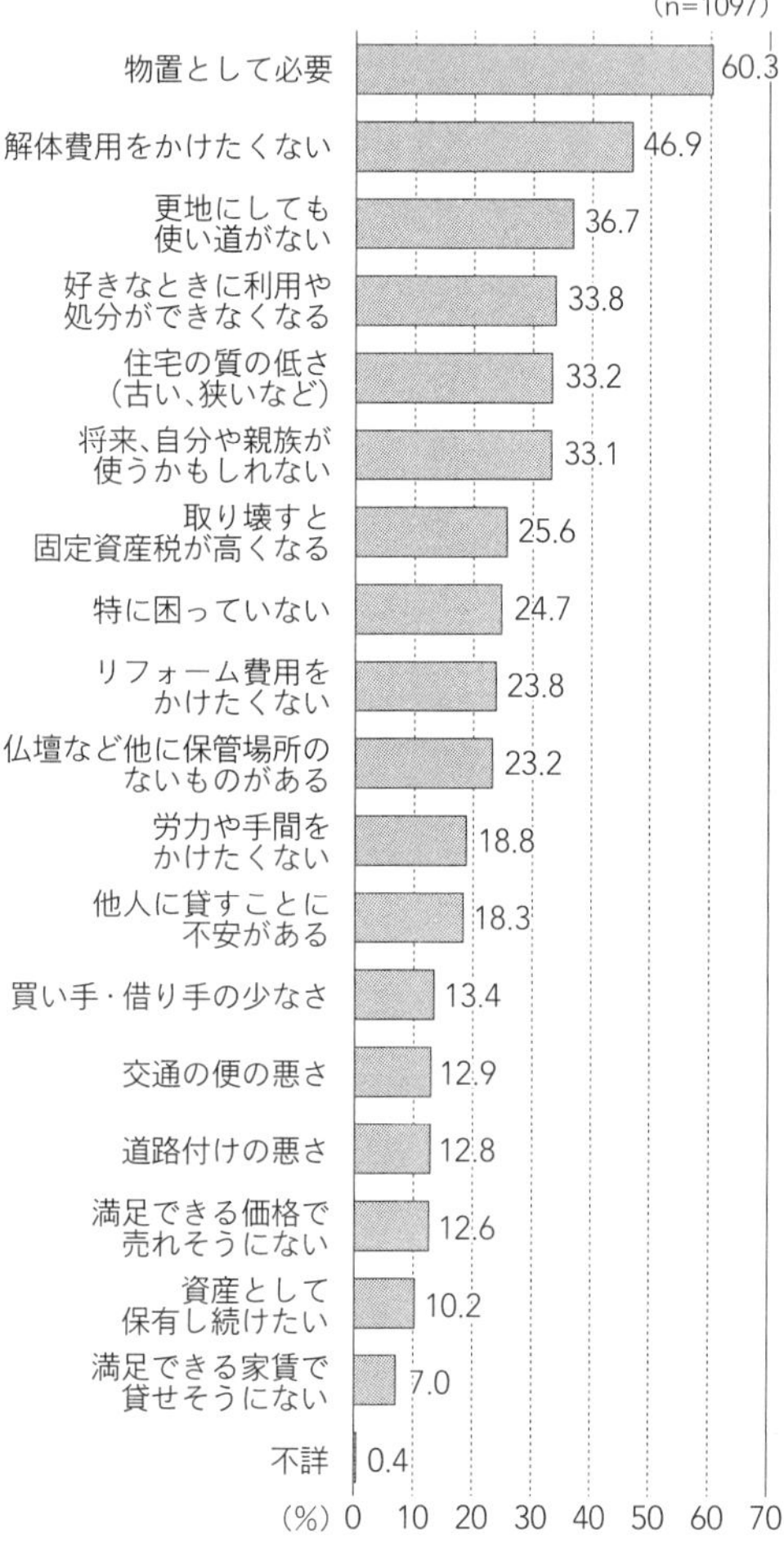


出典：国土交通省住宅局「令和元年空き家所有者実態調査報告書」（令和２年12月）

複数人の自治体関係者から、こんな声を聞いた。

「空き家所有者から依頼のあったものを不動産業者に丸投げして登録している自治体もあれば、市町村の職員が不動産業者と空き家の状態を確認し、最低限の状態を維持しているものだけを登録する自治体もあります」

実際、リフォームにはどの程度のお金がかかるのか。

元の空き家の状態にもよるが、すべてをモダンな建物にリノベーションしようとすると、1000万円近くの費用がかかることもある。移住・交流推進機構がその目安を公開しているので、参考にして欲しい（図表10）。

さらには、リフォームにより出てきた廃材や、前所有者が残していった残置物が残っていれば、その処理費用もかかるが、これもバカにならない。

とはいえ、空き家バンクで物件を探そうとしている人は、都会的なモダンな造りの住居より、田舎の風景にあった古民家のような物件を探しているケースが多い。古くて汚くとも、自分で掃除をしたり、できる範囲は改修したり、フルリフォームを求める人は多くないと予想できる。

ただ、水回りだけはリフォームしたいという人が多いのではないだろうか。

### 図表10 空き家のリフォーム費用

|  |  |
| --- | --- |
| **キッチン・水回り** | |
| キッチン | 50～100万円 |
| •位置を変えずにキッチンのみ交換する | |
| お風呂 | 150～200万円 |
| •システムバスと洗面台を交換して内装を一新 | |
| 換気扇 | 3～8万円 |
| •浴室の換気扇を交換する | |
| トイレ | 50～80万円 |
| •便器・便座を交換して内装を一新 | |
| **窓・扉** | |
| 内窓 | 7～10万円 |
| •サッシ1か所の内側に内窓（2枚）を設置 | |
| 玄関 | 20～80万円 |
| •玄関のトータルリフォーム | |
| **内装** | |
| 部屋 | 70～100万円 |
| •和室から洋室にして収納を設置 | |
| 床 | 10～15万円 |
| •6畳の部屋をフローリングに張り替え | |
| 壁紙 | 5～6万円 |
| •6畳の部屋の壁と天井のクロスを張り替え | |
| 耐震 | 130～150万円 |
| •木造戸建て（30坪）の耐震補強 | |
| **屋根** | |
| 粘土瓦 | 200～250万円 |
| •粘土瓦（塗替え不要）の張替え | |
| 板金屋根 | 50～100万円 |
| •ガチバリウム銅板（塗替え必要）の張替え | |
| ストレート屋根 | 60～120万円 |
| •ストレート板（塗替え必要）の張替え | |

出典：一般社団法人移住・交流推進機構のホームページより

首都圏の人からすれば想像もつかないだろうが、田舎の古い住居のなかには、「ぼっとん便所」と言われる汲み取り式トイレがいまだに設置されてあることも珍しくない。農山村エリアに足を運べば、今でもバキュームカーが町を走っている。都会の人からすれば想像もで

**図表11 都市規模別汚水処理人口普及率**（令和元年度末）

| 人口規模 | 総人口（万人） | 市町村数 | 下水道 | 合併処理浄化槽 | 農業・漁業集落排水等 | その他 |
|---|---|---|---|---|---|---|
| 100万人以上 | 2,994 | 12 | 99.3% | 0.7% | | |
| 50～100万人 | 1,117 | 16 | 88.5% | 5.8% | 0.5% | 5.2% |
| 30～50万人 | 1,751 | 45 | 85.7% | 7.1% | 0.9% | 6.3% |
| 10～30万人 | 3,091 | 193 | 79.3% | 9.7% | 2.4% | 8.6% |
| 5～10万人 | 1,746 | 251 | 66.3% | 15.6% | 4.3% | 13.8% |
| 5万人未満 | 1,986 | 1,199 | 52.5% | 20.4% | 7.8% | 19.3% |

出典：環境省「令和元年度末の汚水処理人口普及状況について」

きないだろう。

**下水道普及率が5割以下の県も**

都市規模別に「汚水処理人口普及率」を見てみたい。

全国平均で見ると91・7％だが、都市規模別で大きく違うことがわかる（図表11）。浄化槽、農業・漁業集落排水等については後述するが、人口5万人規模の市町村ではいまだ約2割は汲み取り式や単独処理浄化槽を使っている。旧式の単独処理浄化槽の一部は水洗便所ではなく、バキュームカーで汚水を処理している。

都会住人は、台所や洗濯、風呂などから流れる生活排水、トイレから流れる汚水は、下水道管を通って処理施設に流れ着き、川や海に放流されると当然のように思っているだろう。

しかし、下水道の普及率は首都圏では軒並み100％に近いが、2019年度末時点で全国平均が79・7％だ。下水道が未整備の地区はまだまだある。徳島県（18・4％）、和歌山県（27・9％）、高知県（40・1％）、鹿児島県（42・4％）、香川県（45・8％）など、下水道普及率が極端に低い地域もある。

そうしたエリアがどのように汚水を処理しているのか。

最も多いのが、浄化槽だ。トイレからの汚水だけを処埋する単独処理浄化槽と、台所などの生活排水を含めたすべての汚水を処理する合併処理浄化槽に分かれるが、２０００年に浄化槽法が改正され、現在は単独槽の新設は認められていない。

浄化槽とは、微生物の働きなどを利用して汚水を浄化し、きれいな水にして放流するための施設のことだ。各家庭の敷地内に設けるミニ処理施設と考えればいいだろう。近くに配水管や道路側溝がなければ、自宅の敷地内に宅地内処理施設を埋蔵し、蒸発、または浸透などの方法で処理する必要がある。

もう一つの方法として、農業・漁業集落排水があり、集落で共同の浄化槽を設置する方法だが、詳細な説明は割愛する。

下水道を利用できる地域の人口と、合併処理浄化槽による処理人口の割合が、汚水処理人口普及率だ。匂いのする汲み取り式はさすがに遠慮したいが、浄化槽であっても、水洗便所であれば構わないと思う人が多いかもしれない。ただ、その設置や維持にはコストがかかる。

単独槽の設置が禁止されていることは先述の通りだが、単独槽から合併型への転換には費用がかかる。国の助成制度を利用しても、環境省によれば、個人設置型の場合で約54万円、市町村が個人の敷地に設置する市町村設置型でも約9万円の自己負担がある。

また、その維持管理の負担も少なくない。浄化槽管理者にはその保守点検、清掃、法定検査が法律で義務付けられ、年間の維持管理費は5万9000円（5人槽の場合／環境省「単独処理浄化槽から合併処理浄化槽へ」より）になる。

その内訳は、清掃代が2万5000円、保守点検代が1万8000円、法定検査代が5000円。さらには、浄化槽を稼働させるための電気代が1万1000円かかる。これらを怠ると、悪臭などが発生したり、汚水が浄化されなくなったりする恐れがある。

## 空き家バンクの大半は売買物件

空き家バンクは選択肢が少ない上、改修に費用がかかり、そのまま住めるような物件ばかりではないことは理解しておいたほうがいい。

床のきしみや、天井の雨漏りなど、住んでみないとわからないこともある。だからこそ、空き家バンクを利用するにしても「まずは賃貸で」と思うかもしれないが、空き家バンクの大半は売買物件だ。空き家バンクの利用が進まない大きな理由の一つだろう。

試しに全国版空き家バンクの一つ「LIFULL HOME'S 空き家バンク」で、コロナ移住で人気になっている北関東3県の物件掲載数を見てみる（2021年1月14日時点）。

▽茨城県（全148件）
売買居住用（61件）／売買土地（78件）／売買事業用（0件）／賃貸居住用（9件）／賃貸土地（0件）、賃貸事業用（0件）

▽群馬県（全122件）
売買居住用（81件）／売買土地（27件）／売買事業用（1件）／賃貸居住用（11件）／賃貸土地（1件）、賃貸事業用（1件）

▽栃木県（全143件）
売買居住用（78件）／売買土地（44件）／売買事業用（1件）／賃貸居住用（16件）／賃貸土地（2件）、賃貸事業用（2件）

物件の大半が売買を目的としたものであることは明らかだ。地方自治体が準備する移住促進住宅などに住みながら家を探せればいいが、すべての自治体にその用意があるわけではない。移住者の人気が高い自治体では、予約でいっぱいだ。

売買をメインとした空き家バンクはどうしても躊躇《ちゅうちょ》してしまいがちだが、本書で取材した移住者の中には、所有者と直接話をし、将来的に購入したいという条件のもと、売買物件を賃貸物件として借りたというケースがあった。売却を希望する所有者にとっても、売れないまま固定資産税を払い続けるよりかは、たとえ賃貸でも家賃収入が入ったほうがいい。売買物件だからと諦めずに、交渉してみる価値はあるだろう。

## 再建築ができない物件に注意

空き家バンクに限らず、地方の中古物件を買う際に、必ず注意すべきことがある。再建築が可能かどうかだ。

たとえ古い物件でも将来的には更地にして、そこに新しい家を建て、子ども世代に受け継いだり、売りに出したりすればいいと考える人がいるかもしれない。しかし、「建て替えができない家」が存在するのだ。

まず、前提として理解したいのは、日本の国土は都市計画法により「都市計画区域」と「都市計画区域外」に分けられていることだ。都市計画区域は国土の約27％、そこに国民の約95％が居住している。都市計画区域外は山林など人が住むには適さない場所が大半で、水道・下水・電気・ガスなどの生活インフラが整っていない。

都市計画区域は、さらに「市街化区域」、「市街化調整区域」、「非線引き都市計画区域」の3つに分類される。簡単に説明すると、すでに市街地を形成している地域や、おおむね10年以内に市街化を優先的に進めるべき地域が市街化区域に区分され、逆に農地などの市街化を抑制する地域が市街化調整区域になる。そのいずれにも区分されない地域が非線引き都市計画区域となる。

考えてみればわかる話だが、皆が好き勝手に住みたい場所に家を建てれば、生活インフラ整備に莫大な費用がかかり、町の景観を損ねる結果になる。そのため、市町村ごとに都市計画が作られているのだ。

地方の不動産に詳しい不動産業者はこう解説する。

「建築基準法で認められた4ｍ以上の幅の道路に土地が2ｍ以上接していない場合は、市街化区域であっても建物を再建築することはできません。建築基準法の道とは国道や都道府県道、市区町村道等の公道などを指し、4m以上の私道や農道に2m以上接していたとしても、その道が建築基準法の道として認められなければ、建築は認められません」

ここで読者は不思議に思うだろう。再建築できないと言うが、すでにそこに家が建っているのではないか、と。これには二つの法律が関連する。

建築基準法の施行は1950年、そして、都市計画法の施行は1968年。そのため、法律施行以前に建てられた建物は接道義務を果たしていなかったり、現在は原則として建物の建築が認められていない場所にも家があったりするのだ。この法律の壁が、いつまでも空き家問題が解決しない一つの理由であることは確かだろう。

「建築時には都市計画区域外だったが、現在ではその建物が都市計画区域内にあることは田舎ではよくある話です。再建築可能かどうかは、必ず確認するようにしてください」（前出の不動産業者）

## 未登記物件は銀行のローンが組めない

「空き家バンクの登録が増えない理由」で述べたが、地方の空き家や中古物件のなかには未登記物件が少なくない。登記されているか否かも、必ず確認したいポイントだ。

「いつ、誰が建てたのか、それがわからないと、不動産登記ができません。相続人がどこにいるかわからなかったり、複数人いたりする場合も多く、話をまとめるのは困難を極めます。元の所有者から現在の所有者に名義変更ができていない物件には、銀行からリフォームにかかる費用などのローンが借りられません」(同前)

田舎ならではの問題としては、境界線にも注意すべきだろう。都会では考えづらいが、他人の敷地を勝手に駐車場として使っていたり、家庭菜園をしていたり、放置していると誰かが勝手に使っているというケースが珍しくはない。境界線の問題を抱えたまま、所有者と個人間で売買すると、後々のトラブルになる可能性もある。

## 登記簿謄本から所有者に直接交渉

移住先を探す際は、事前に移住促進住宅の有無の確認や、地元の不動産会社に電話をかけるなどし、賃貸物件がどのくらいあるか、また、状態のいい空き家が空き家バンクにあるかなど、先に下調べをすることをお勧めする。

賃貸物件が少ない。状態のいい空き家バンクもない。とはいえ、いきなり新築の家を建てるのも気が引ける。田舎とは言え、数百万で家が建つわけではない。そうなったらもう、自分で探すしか方法はない。具体的には二つある。

一つ目は、地域から信頼され、地域の人に紹介してもらうことだ。ただ、信頼は一日にして得られない。信頼を得るには時間がかかり、そもそも、信頼を得るまでの時間を過ごす場所がないから困っているのだ。地方では、宿泊施設も限られる。

そこでお勧めしたいのが、地域に顔の広いキーマンと短期間で接触することだ。ただ、相手も毎日のように訪ねてこられたら、鬱陶《うっとう》しいだろう。

だが、飲食店関係者なら、毎日通っても歓迎してくれる。特に田舎の喫茶店やスナックは、いまだに地域のコミュニティの場になっている。そうしたところに毎日顔を出し「家を探しています」と言い続けていれば、空き家自体はたくさんあるのだから、紹介されることもあるだろう。

もう一つは、自ら状態のいい空き家を見つけ出し、所有者と直接接触する方法だ。土地や家屋の所有者は不動産登記をしなければならないことは先に述べた通りだが、その所有者や物件の情報が記された登記簿謄本（登記事項証明書）は地域の法務局に行けば取得することができる。所有者の住所も明記されており、直接交渉に行くことは可能だ。

ただ、未登記のままで、謄本に記載された所有者の住所を訪ねても誰もいないなんてことは田舎ではよくある話であることは付け加えておく。

先に、空き家を人に貸さない理由に、貧乏と思われたくないといった地域ならではの事情があることを説明した。地域の人の紹介なら噂はすぐに広まるため、貸したり売ったりすることを躊躇する人が大半だが、地域外から来た第三者となれば案外すんなりと貸してくれる場合もある。売ってはくれなくとも、賃貸として借りる間に信頼を築けば、将来的に売ってくれる可能性も出てくるだろう。

空き家として放置しておく理由の第一が「物置として必要」だったことは先述の通りだが、逆を言えば、家の中を掃除するのでという条件をつければ、貸したり、売ってくれたりする可能性は格段に高まる。

## 農地は簡単に買えない

最後に、農地についての話をしておきたい。半農半Xを目指し、大阪から淡路島に移住した第五章の白石さんは、いまだ仮住まいだ。地域の人の紹介で空き家を借りているが、白石さんとしては、にわとりも飼えるような農地に囲まれた山の中の家に住むことを夢見ている。

ただ、それらの場所は例外なく、市街化調整区域で、家を建てることは難しい。仮に空き家を借りて近くで農業を始めようにも、これまで述べた通り、農地はお金を払ったからと言って、買えるわけではない。

農地取得には農業委員会の許可が求められ、そのためには営農計画を作成し、原則50アール（5000㎡）以上の農地を経営しないと売買できないなど、ハードルが高いことは第五章で述べた通りだ。法改正により経営農地の下限面積の引き下げが2009年に認められるようになったが、筆者の暮らす淡路市では40アール（4000㎡）だ。

不動産登記法により、土地には宅地や山林、駐車場などに使われる雑種地など、計23の地目が定められている。だったら、農地を宅地に地目変更すればいいじゃないかと思うかもしれないが、農地の地目変更には、農業委員会の厳しい審査がある。農業が盛んな地域ではまず不可能と言っていいだろう。

目的や趣向により住みたい地域は変わる。中には小さな市町村でも十分な数の賃貸物件がある地域もあるが、都市部の住人の感覚からすれば「選べるほどない」ということだけは覚えておいて欲しい。

## 2　生活費

### 生活費は東京と変わらない

地方移住を目指す人の期待の一つに、生活費が下がるのではないか、という思いがあるだろう。

確かに、生活費のなかでも大きな部分を占める住居費は、東京圏は飛びぬけて高く、地方に行けばその安さに驚く。東京の民営住宅の家賃は1か月3・3㎡当たり8566円で、最も安い山口県（3430円）の2倍を超える（図表12）。

逆に、地方の人からすれば、東京の家賃は考えられない額だと言う。筆者は地元淡路市出身の男性から、こんな質問を受けたことがある。

「『幸せ！ボンビーガール』（日本テレビのバラエティ番組）で、よく上京した女の子の物件探しに密着してるけど、あんな鳥小屋みたいな広さの部屋に、なんで5万も6万も払わなあかんの？」

そう思うのも無理はない。淡路市内で家賃5、6万円を払えば、築年数などの状態にもよ

## 図表12 都道府県別の住居費

| 都道府県名 | 住宅地・地価（1㎡当たり） | 民営賃貸住宅の家賃（月額3・3㎡当たり） | 住宅の敷地面積（1住宅当たり㎡） | 都道府県名 | 住宅地・地価（1㎡当たり） | 民営賃貸住宅の家賃（月額3・3㎡当たり） | 住宅の敷地面積（1住宅当たり㎡） |
|---|---|---|---|---|---|---|---|
| 北海道 | 20,000 | 3,689 | 294 | 滋賀 | 46,500 | 4,009 | 272 |
| 青森 | 16,100 | 3,680 | 346 | 京都 | 109,300 | 5,261 | 165 |
| 岩手 | 24,900 | 4,135 | 404 | 大阪 | 150,700 | 5,907 | 129 |
| 宮城 | 42,000 | 4,527 | 353 | 兵庫 | 103,100 | 5,686 | 203 |
| 秋田 | 13,200 | 3,950 | 374 | 奈良 | 52,900 | 4,133 | 230 |
| 山形 | 19,700 | 4,189 | 408 | 和歌山 | 36,200 | 3,506 | 224 |
| 福島 | 23,300 | 4,056 | 369 | 鳥取 | 19,200 | 4,152 | 321 |
| 茨城 | 32,400 | 3,960 | 425 | 島根 | 20,800 | 4,151 | 317 |
| 栃木 | 32,400 | 3,776 | 375 | 岡山 | 29,300 | 4,355 | 273 |
| 群馬 | 31,700 | 3,666 | 355 | 広島 | 57,000 | 4,212 | 223 |
| 埼玉 | 113,700 | 6,242 | 216 | 山口 | 25,600 | 3,430 | 284 |
| 千葉 | 75,600 | 4,978 | 248 | 徳島 | 29,500 | 3,951 | 293 |
| 東京 | 378,100 | 8,566 | 140 | 香川 | 32,900 | 4,040 | 289 |
| 神奈川 | 179,300 | 6,936 | 170 | 愛媛 | 35,400 | 3,478 | 243 |
| 新潟 | 26,000 | 4,289 | 335 | 高知 | 30,800 | 3,810 | 200 |
| 富山 | 30,800 | 3,991 | 370 | 福岡 | 54,300 | 4,191 | 270 |
| 石川 | 44,300 | 4,125 | 276 | 佐賀 | 20,500 | 3,546 | 324 |
| 福井 | 29,700 | 3,583 | 325 | 長崎 | 24,500 | 5,575 | 249 |
| 山梨 | 24,000 | 3,820 | 342 | 熊本 | 28,700 | 3,873 | 335 |
| 長野 | 25,000 | 3,739 | 357 | 大分 | 25,100 | 3,644 | 295 |
| 岐阜 | 32,600 | 3,579 | 292 | 宮崎 | 24,600 | 3,789 | 339 |
| 静岡 | 64,500 | 4,673 | 269 | 鹿児島 | 27,300 | 4,360 | 324 |
| 愛知 | 104,300 | 4,948 | 251 | 沖縄 | 62,600 | 4,088 | 273 |
| 三重 | 28,500 | 3,666 | 282 | | | | |

出典：国土交通省「都道府県地価調査」（令和２年度）、総務省統計局「統計でみる都道府県のすがた 2020」

るが、2DKから、3DKの物件を借りられるだろう。それだけ家賃が安いのだから、さぞ地方の生活費は安く抑えられるに違いないと思うかもしれないが、そんなことはない。期待するほど安くならないというのが、筆者の率直な感想だ。

淡路島に移住する前は、東急電鉄池上線の御嶽山駅《おんたけさん》（東京都大田区）から徒歩5分程度のマンションに住んでいた。2DKで家賃は9万円。地方の人ならこれでも高いと思うかもしれないが、都内で、さらに駅近でこの家賃は格安だ。1988年築と古く、4階建ての4階に住んでいたのだが、エレベーターのない不人気物件だった。

そして現在、筆者が暮らす家の家賃は4万4000円だ。移住後に地域にあった空き家の所有者に直接お願いし、新たに移り住んだ物件だ。東京の格安マンションは40㎡もなかったが、現在の住まいは延べ床面積100㎡を超える2階建ての戸建て住宅だ。妻と二人暮らしの筆者には広過ぎて、使っていない部屋もある。民泊でもしようかと考えているところだ。

それはさておき、筆者の場合で考えると、住居費だけを見れば、4万6000円（9万－4万4000円）安くなったことになる。

ただ、その分、地方ならではの出費がある。その最たるものが車両費だ。

東京都心部は鉄道網が網の目のように張り巡らされており、車が必要だと感じたことはない。取材で地方に行く際などはレンタカーを使ったが、東京で過ごした約20年間で車を所有したことはなかった。

しかし、淡路市では、ローカルバスが走ってはいるが、本数は少なく、電車などの他の公共交通機関はない。車は生活必需品だ。

筆者は移住後に、日常生活や取材活動のために1台、農作業や漁師のアルバイトのために1台、格安の古い中古の軽自動車と軽トラックを買った。2台で約60万円、5年使うと仮定すると、月当たりの費用負担が1万円になる。自動車保険に加入し、2台で年間約10万円、1か月当たり、約8000円だ。

また、2台分の駐車場が必要になり、月額8000円を支払っている。2年に一度は車検を受ける必要があるため、2台で12万円と仮定しても、月当たり約5000円だ。

車を保有することで、自動車税も納付しなければならない。2台で約1万5000円、月額約1250円だ。

これらの車両費を合算すると、月当たりの負担は3万2250円になる。淡路島への移住により筆者の生活費は家賃の差額分4万6000円安くなったが、車両費を引けば1万3750円だ。自宅は格段に広くなったものの、固定的にかかる生活費自体は都内で生活していたときと大きく変わらない。なぜなら、光熱費が都市部より割高になるからだ。

## プロパンガスは都市ガスの1・8倍

2016年4月の電気の小売業への参入が全面自由化されたのに続き、2017年4月には都市ガスの自由化が始まった。市場が開かれたことで競争原理が働き、電気とガスのセットプランなどを設け、1社独占状態だった当時より安い料金を提供する会社も出てきたが、それは都市部に限った話だ。

そもそも、田舎は「都市ガス」ではない。都市ガスの供給エリアは、国土面積の約6%に留まっているのが現状だ。だったら、田舎では何を使っているのかと言えば「プロパンガス」(LPガス)だ。ガスの原料や成分も違えば、その供給方法も違う。

都市ガスは地中のガス導管を通し、各家庭に提供されるが、プロパンガスは各家庭にガスボンベを設置し、そこから提供する形になる。ガス導管の設置には多大なコストがかかるため、その費用を回収できる都市部でしか都市ガスは提供されていないのだ。

都市ガス供給区域内の世帯比率は都市部では軒並み100%に達するが、全国平均では54・2%に過ぎない(図表13)。筆者はそんなことも知らず、東京から都市ガス対応のガスコンロとガスファンヒーターを引越しの家財道具に含めて持ってきて、引越し先で早々に捨てる羽目になった間抜けな一人だ。

さて、問題は料金だ。供給方法がガス導管だろうが、ガスボンベだろうが、どちらでも構わないのだが、プロパンガスは都市ガスに比べて割高になる。試しに、東京に住んでいた時代に利用していたニチガス（都市ガス）と、淡路市で契約するガス会社（プロパンガス）の料

**図表13 都市ガス供給区域内世帯比率**

（%）

| | | | |
|---|---|---|---|
| 北海道 | 67.6 | 滋賀県 | 59.6 |
| 青森県 | 36.7 | 京都府 | 87.3 |
| 岩手県 | 31.1 | 大阪府 | 106.7 |
| 宮城県 | 66.4 | 兵庫県 | 90.5 |
| 秋田県 | 39.5 | 奈良県 | 89.2 |
| 山形県 | 30.1 | 和歌山県 | 40.6 |
| 福島県 | 37.7 | 鳥取県 | 40.8 |
| 茨城県 | 42.3 | 島根県 | 26.4 |
| 栃木県 | 43.7 | 岡山県 | 52.1 |
| 群馬県 | 52.6 | 広島県 | 62.5 |
| 埼玉県 | 93.0 | 山口県 | 55.6 |
| 千葉県 | 92.8 | 徳島県 | 23.4 |
| 東京都 | 103.0 | 香川県 | 40.0 |
| 神奈川県 | 100.7 | 愛媛県 | 32.1 |
| 新潟県 | 82.4 | 高知県 | 30.1 |
| 富山県 | 41.5 | 福岡県 | 62.3 |
| 石川県 | 43.0 | 佐賀県 | 35.9 |
| 福井県 | 26.1 | 長崎県 | 51.8 |
| 山梨県 | 24.6 | 熊本県 | 38.8 |
| 長野県 | 45.0 | 大分県 | 40.9 |
| 岐阜県 | 51.4 | 宮崎県 | 36.1 |
| 静岡県 | 71.4 | 鹿児島県 | 43.8 |
| 愛知県 | 92.5 | 沖縄県 | 35.0 |
| 三重県 | 52.4 | | |

注：メーター取り付け数が世帯数を超える場合100%を超える

出典：総務省統計局「社会生活統計指標 2019」

金を比較してみる。基本料金こそ大きな違いはないが、使用料により加算される従量料金が2倍以上違う。

手元に2020年12月検針分のガス代の請求書がある。1か月の使用料は21・4㎥で、従量料金は8999円だ。一方、東京に住んでいた時代に契約していた東京ガスの料金表を見ると、21㎥なら従量料金は3338円（一般料金）だ。

事業者により料金は異なるものの、本書で取材した移住者の全員が都市ガスからプロパンガス供給エリアに移住しており、「ガス代が高くなった」と口を揃えた。

日本生活協同組合連合会の「わが家の電気・ガス料金しらべ」（2019年）によれば、都市ガスの1㎥当たりの料金は170円。一方のプロパンガスは、都市ガスの約1・8倍の313円だった。

## 同じ県内でも5倍以上違う水道代

電気ガスに続き、お次は水道だ。

水道事業は各自治体が運営しているが、こちらも、地方ほど割高になる。人口が少なくなると、水道設備を維持するための一人当たりの費用負担が大きくなるからだ。

浄水場や水道管の設置費、維持費、人件費などすべての費用は原則、料金収入で賄われている。水道設備の多くは老朽化が進んでおり、財政力の弱い自治体では住民一人当たりの負担が大きくなるばかりだ。水道の基本料金は全国で月額平均841円だが、最も高い北海道では月額1412円になる。

ただ、一概に田舎に行けば行くほど高くなるというわけではなく、東京都は月額920円と平均より高い。一方、人口は少なくとも、水資源の豊富な静岡県（407円）や山梨県（535円）などは、全国平均に比べ、割安だ。水道料金には、地理的な要因が大きく左右し、同じ県内でも大きく異なる。

例えば、筆者が暮らす兵庫県には水道料金が日本一安いと言われる赤穂《あこう》市がある。人口約4万7000人の小都市だが、同じ人口規模の淡路市に比べ、水道料金はけた外れに安い。30㎥の水道料金（口径13㎜）を比較すると、淡路市は兵庫県内で二番目に高く6900円、一方、赤穂市なら1130円だ。ちなみに、東京都（23区）なら3880円になる。

同じ県内でも、島外からも導水する淡路市とは違い、水量豊かで水質もいい千種《ちくさ》川が流れ、地下水が豊富な赤穂市では、これだけ大きな差が出る。光熱費は毎月かかるもので、安いにこしたことはない。移住を検討する際には、移住先の光熱費を巡る状況も確認したほうがいいだろう。

## 住民税に大差はない

割高になるのは、光熱費だけではない。税金も割高になる可能性がある。

まずは、住民税だが、これは都道府県・市町村により、多少の違いはあるものの、光熱費ほどの大きな差にはならないので安心して欲しい。

住民税には「個人住民税」と「法人住民税」があるが、毎年1月1日時点で居住する市町村（都道府県）に支払うのが個人住民税だ。教育、福祉、消防、ごみ処理といった行政サービスの財源になっている。

個人住民税は、非課税限度額を上回る納税義務者に低額の負担を求める「均等割」と、所得金額に応じた「所得割」の二つで構成される。それぞれ、都道府県に納める都道府県民税と、市町村に納める市町村民税（東京23区の場合は特別区民税）に分かれるが、自治体によって大きく変動しないように標準税率が設定されている。

そのため、住む地域によって大きな差はないが、特に均等割の部分は都道府県・市町村の財政状況により若干の変動がある。例えば、兵庫県神戸市の市民税は３９００円だ。標準額より４００円高くなっているが、これは市が創設した認知症の人に優しい町づくり「神戸モデル」制度の負担額になっている。また、県民税も２３００円と標準額より８００円高い。これは、森林や都市の緑の整備に使われる「県民緑税」だ。森林保全・整備を目的とした均等割の増額は多く、東北エリアなどでも導入されている。

## 国保料の差は自治体で最大３・４倍に

ただ、国民健康保険料の地域差は大きい。コロナ移住希望者のなかには、筆者のような自営業者も多いだろう。会社員とは違い、保険料は全額自己負担となるため、負担に地域差があることは確認しておきたい。

図表14は、都道府県別の標準化保険料算定額をまとめたものだ。標準化保険料とは、都道府県の平均所得者の保険料を指す。都道府県を保険料の安い順に並べると、埼玉県、神奈川県、愛知県、東京都、茨城県と並ぶ。

逆に、高い順に並べると、徳島県、佐賀県、山形県、大分県、熊本県となる。人口の多い都道府県ほど安く、四国、九州が高い傾向が見てとれる。

都道府県別に見ると、最も高い徳島県は14万５６２９円で、最も安い埼玉県（10万２５３

（円）

| | 平均 | 最大 | | 最小 | |
|---|---|---|---|---|---|
| 滋賀県 | 119,858 | 栗東市 | 132,939 | 多賀町 | 100,564 |
| 京都府 | 124,878 | 亀岡市 | 131,406 | 伊根町 | 67,531 |
| 大阪府 | 134,219 | 高石市 | 149,347 | 千早赤阪村 | 112,322 |
| 兵庫県 | 127,073 | 尼崎市 | 150,070 | 香美町 | 97,252 |
| 奈良県 | 122,449 | 平群町 | 150,041 | 下北山村 | 75,445 |
| 和歌山県 | 131,176 | 湯浅町 | 158,251 | 北山村 | 89,626 |
| 鳥取県 | 119,035 | 若桜町 | 147,569 | 伯耆町 | 102,703 |
| 島根県 | 135,514 | 江津市 | 147,444 | 知夫村 | 75,470 |
| 岡山県 | 120,944 | 井原市 | 148,206 | 矢掛町 | 105,297 |
| 広島県 | 121,681 | 呉市 | 132,901 | 神石高原町 | 92,658 |
| 山口県 | 138,807 | 宇部市 | 151,629 | 田布施町 | 117,329 |
| 徳島県 | 145,629 | 阿波市 | 178,028 | 上勝町 | 103,817 |
| 香川県 | 123,594 | 多度津町 | 133,779 | 小豆島町 | 109,171 |
| 愛媛県 | 134,889 | 久万高原町 | 153,476 | 上島町 | 105,283 |
| 高知県 | 132,508 | 南国市 | 140,287 | 東洋町 | 95,069 |
| 福岡県 | 125,562 | 桂川町 | 150,879 | 久山町 | 97,193 |
| 佐賀県 | 143,079 | 江北町 | 153,230 | 玄海町 | 119,174 |
| 長崎県 | 133,414 | 川棚町 | 158,591 | 佐々町 | 110,787 |
| 熊本県 | 139,049 | 錦町 | 153,222 | 水俣市 | 99,465 |
| 大分県 | 141,562 | 竹田市 | 151,567 | 姫島村 | 99,550 |
| 宮崎県 | 138,231 | 都城市 | 151,268 | 西米良村 | 99,299 |
| 鹿児島県 | 123,928 | 日置市 | 136,992 | 三島村 | 84,705 |
| 沖縄県 | 120,220 | 多良間村 | 175,904 | 北大東村 | 66,359 |

注：特定被災地を含む

出典：厚生労働省「市町村国民健康保険における保険料の地域差分析」（平成29年度版）

### 図表14 都道府県別国民健康保険料（標準化保険料算定額）

| | 平均 | 最大 | | 最小 | |
|---|---|---|---|---|---|
| 北海道 | 129,783 | 天塩町 | 190,870 | 幌加内町 | 62,254 |
| 青森県 | 134,932 | 中泊町 | 164,010 | 六ヶ所村 | 100,968 |
| 岩手県 | 114,921 | 住田町 | 126,994 | 野田村 | 91,599 |
| 宮城県 | 122,631 | 東松島市 | 142,834 | 山元町 | 77,291 |
| 秋田県 | 129,560 | 五城目町 | 164,626 | にかほ市 | 96,583 |
| 山形県 | 142,577 | 新庄市 | 153,844 | 飯豊町 | 98,546 |
| 福島県 | 116,103 | 大熊町 | 157,121 | 檜枝岐村 | 63,325 |
| 茨城県 | 108,861 | 北茨城市 | 123,856 | 牛久市 | 90,735 |
| 栃木県 | 117,011 | 鹿沼市 | 145,962 | 市貝町 | 103,483 |
| 群馬県 | 113,813 | 榛東村 | 133,548 | 南牧村 | 88,698 |
| 埼玉県 | 102,533 | 本庄市 | 113,650 | 小鹿野町 | 73,249 |
| 千葉県 | 110,937 | 九十九里町 | 132,815 | 市川市 | 92,059 |
| 東京都 | 107,388 | 23区 | 114,664 | 御蔵島村 | 56,234 |
| 神奈川県 | 103,669 | 湯河原町 | 131,988 | 綾瀬市 | 91,136 |
| 新潟県 | 123,615 | 粟島浦村 | 134,449 | 津南町 | 80,520 |
| 富山県 | 116,009 | 上市町 | 129,477 | 舟橋村 | 96,116 |
| 石川県 | 129,781 | 加賀市 | 147,764 | 川北町 | 93,667 |
| 福井県 | 119,865 | 福井市 | 132,889 | 池田町 | 72,387 |
| 山梨県 | 124,263 | 富士川町 | 138,154 | 小菅村 | 73,214 |
| 長野県 | 114,052 | 小布施町 | 137,244 | 根羽村 | 62,799 |
| 岐阜県 | 122,710 | 池田町 | 142,161 | 飛騨市 | 86,850 |
| 静岡県 | 113,860 | 吉田町 | 125,016 | 川根本町 | 86,734 |
| 愛知県 | 106,055 | 名古屋市 | 122,782 | 豊根村 | 72,164 |
| 三重県 | 118,037 | 松阪市 | 137,788 | 大紀町 | 83,111 |

3円）の約1・4倍だ。自治体別に見るとその差はさらに大きく、最も高い北海道天塩町（19万870円）は、最も安い東京都御蔵島村（5万6234円）の約3・4倍だ。

所得が高いほど保険料は高くなるが、なぜ、平均所得で比較しても、こうした地域差が出てくるのだろうか。それは、保険料の算定方式の違いにある。

保険料は、所得に応じた「所得割」、固定資産に応じた「資産割」、一人当たりの定額「均等割」、1世帯当たりの定額「平等割」の4つの算定方式で決まる。このうち、自治体によって、2つの算定方式で決めるところもあれば、4つの算定方式で決めるところもあり、地域差を生む原因になっている。

そのため、同じ県内でも格差は大きく、例えば、同じ北海道でも天塩町（19万870円）と幌加内町（6万2254円）の保険料は約3・1倍違うのだ。国民健康保険制度が生まれた1961年以降、国民健康保険は市町村が運営していたが、2018年からはこうした格差を是正するために都道府県が運営している。

ただ、自治体ごとに異なる算定方式や、財政状況により、依然として地域差が生まれてしまっている。当然だが、医療機関を利用する高齢者が多ければ、それだけ医療費が上がり、それを負担する人口が少なければ保険料も上がる。

都道府県別の保険料を高齢化率で見ると、保険料の安い都道府県は埼玉県が26・7％、神奈川県が25・3％、愛知県が25・1％と高齢化率が低く、逆に保険料の高い都道府県は徳島県が33・6％、佐賀県が30・3％、山形県が33・4％（内閣府「令和2年版高齢社会白書」より）と高くなっている。

**目に見えない田舎の収入とは**

東京から淡路島に移住したことで、住居費だけを見れば4万6000円安くなったと書いたが、車両費に光熱費、税金が高くなったことを考えると、固定的にかかる生活コスト自体は下がらないというのが正直な感想だ。

それでも、地方ならではの目に見えない収入がある。東京に住んでいた時代は隣近所の住人の名前さえ知らなかったが、今は隣の家で飼っている犬の名前もわかる。顔を合わせれば挨拶をし、困りごとがあれば助け合う。そんな社会が当たり前に残っている。まだまだ農業や漁業に従事している人が多く、野菜をもらったり、魚をもらったり、そうした見えない収入がある。

お米は「縁故米」を買う。縁故米とは、農家さんから直接譲ってもらうお米のことだ。筆者は地元で知り合った米農家さんから、30kg7000円で買っている。スーパーだと5kg2000円程度だから、相当格安だろう。

そうした目に見えない収入がある上に、都会と違って飲み歩くことがなくなった。そもそも、飲食店がほとんどない。車社会だから、飲んで帰るわけにもいかない。東京にいる時代は仕事柄、最低週に3回は誰かしらと飲みに行っていたと思う。それが今では、ほぼ自炊で、たまに近所のスナックや友人宅で飲む程度だ。

娯楽にもお金がかからない。都会は誰かが準備したものを消費するしかない。その点、田舎は魚釣りに行ったり、畑を耕したり、何かを仕掛けたり、何かを作り出したりすること自体が娯楽なのだ。そこにたいしたお金はかからない。生き方の問題なのだ。

更地に新築の家を建てれば、快適な生活はできるだろうが、お金はかかる。だが、空き家を自分で見つけ出したり、改修したりすること自体が楽しいし、それが田舎暮らしの醍醐味でもある。

固定的にかかる費用は車両費や割高な光熱費で都市部とさほど変わらないが、全体的な生活費で言えば、やはり東京と比べ安くはなるだろう。しかし、生活費を下げることだけを目的に移住すると、痛い目に遭うことだけはお伝えしておきたい。

## 国の家計調査は参考にならない

興味深い取り組みがある。

島根県中山間地域研究センター（島根県飯石郡飯南町）は、オンライン上で移住後の家計についてシミュレーションできる「田舎暮らし設計」を公開（体験版のみ）している。年代や世帯の人数などを入力すると、島根県の中山間地域で生活する場合の24年先までの支出予測を見ることができるのだ。

**図表15 夫婦と子ども一人（10歳）の年間支出予測**

| | |
|---|---|
| 食料 | 63万円 |
| 日用品 | 42万円 |
| 住居 | 76万円 |
| 光熱 | 21万円 |
| 上下水 | 7万円 |
| 情報通信 | 23万円 |
| 家具・家電 | 11万円 |
| 自動車関連 | 93万円 |
| 子ども教育 | 42万円 |
| 教育費（子ども以外） | 4万円 |
| 保健医療健康 | 7万円 |
| 保険・税金 | 59万円 |
| つきあい費・旅費他 | 43万円 |
| 年間支出合計 | 488万円 |

出典：島根県中山間地域研究センター「田舎暮らし設計（体験版）」より

試しに、夫婦と子ども一人（10歳）の世帯での支出をシミュレーションしてみた。年間にかかる総支出は488万円だ（図表15）。

田舎暮らし設計を開発した有田昭一郎研究員はこう話す。

「都会から来る人は田舎に来れば支出が大きく下がると思っていますが、

そうならない場合が大半です。中山間地域を目指す人には、農業をやりながら、ゆったりと暮らしたいという人が多いですが、先に現実を伝えないと移住後に意外に生活費や教育費がかかることを知り、それを賄うために遠い職場に通う忙しい毎日を送るといったミスマッチが起こります」

そうしたミスマッチを防ぐために「田舎暮らし設計」が作られたという。ホームページから試算できる体験版は平均より10％ほど高くなるように設定しているが、オンライン移住相談などではより細かな試算が出され、移住の相談に活用されているという。

一方、国の基幹統計の一つである総務省の「家計調査」で、支出金額（二人以上の世帯・2019年）を見ると、大都市で362万3389円、人口5万人以下の市町村なら338万6685円となっている。

しかし、その内訳を見ると、最も大きな差が出るだろう住居費が大都市で24万7184円、人口5万人以下の市町村が17万5784円となっている。そもそも、大都市で年間24万円の住居費では生活できないだろう。総務省の担当者にそうした疑問を尋ねると、

「例えば持ち家の人など、その品目に支出していない人もカウントしているため、平均値としては安くなっています」

一方の田舎暮らし設計は、より実態に即したデータを出している。

「支出のシミュレーションに用いる基準額は、実際に島根県の中山間地域で暮らす170世帯に協力をお願いし、出されたものです。持ち家など、ゼロカウントになるものは、基準額の計算からははずしています」（有田研究員）

そんなにお金がかかるのかと驚かれるかもしれないが、それはその人の生活次第。

「ただ、生活していくだけなら300万円程度の収入があれば問題ありませんが、年に1回くらいは旅行に行ったり、月に2、3回は外食に行ったり、生活の仕方は人それぞれです。子どもの教育は高校卒業までしか面倒を見ないというなら話は別ですが、子どもにかける教育費でも大きな差が出てきます」

## 中古車は予算30万円で十分

島根県中山間地域研究センターの田舎暮らし設計によるシミュレーションでも、支出の大きな割合を占めるのが車両費だ。前述したように車両本体だけではなく、自動車保険、駐車場代、2年に一度の車検、雪国ならスノータイヤも準備しなければならない。

それでも、地方では車なしでの生活は考えづらい。とはいえ、日常の足なのだから、別に格好つける必要がなければ、高級車を買う必要もない。

だけど、どんな車を買えばいいのか。どの程度の値段が相場で、どんな車種があるのかもわからない。筆者もそんな一人だった。

そこで、専門家に聞いてみた。地方、特に農山村エリアになると、幅の狭い私道や農道を走る場面も多い。小回りの利く軽自動車がいいが、どんな車を選べばいいのか。

輸入中古車専門誌元編集長で、現在はフリーランスで活躍する中古車評論家の伊達軍曹さんに話を聞いた。中古の軽自動車と言っても、それこそ10万円程度のものから、100万円程度のものまで様々だ。安すぎても不安だが、できれば安くすませたい。いったい、どの程度の予算で車を探せばいいのだろうか。

「スーパーに行くなどの日頃の足として使う車なら、予算は50万円程度で十分です。もっと言えば、30万円程度の車でも十分に走ります。中古車の価格はキツネとタヌキの化かし合いで、必ずしも状態がいいから値段が高いというわけではありません」

中古車は軽自動車に限らず、年式や走行距離で大きく価格が変動するが、どのくらいを目安にすればいいのだろうか。

「国内で登録された年からの経過年数を○年落ちと表現しますが、10年落ち、走行距離7万

〜8万km程度なら問題はありません。重要なのは『使われ方』です」

　軽自動車の年間の平均走行距離は8000km前後。以前の所有者がドライブ好きだったり、営業車などで使っていたりすると、同じ10年落ちでも10万kmを超えるものが出てくる。その分、エンジンやパーツの磨耗が激しいことは容易に想像がつくだろう。

　しかし、使われ方とはどういうことなのか。

「年式や走行距離に関係なく、以前の所有者が乱暴に車を扱い、なおかつろくに整備もしないまま乗っていると、エアコンやスターターなどの電装系設備、エンジンや足まわりなど、とにかくほぼすべての状態が悪くなります。ただ、車に詳しくない人がそれらを見極めるのは困難と言っていいでしょう。とにかく、内装と外装が綺麗なものを選ぶことが大事です。これは、以前の所有者が丁寧に扱っていた証拠になります」

　伊達さんは特に「内装」に使われ方の差が出ると言う。

「シートについたシミや傷、臭いのあるものは避けましょう。ダッシュボードに細かい傷がたくさんあれば、鍵やモノを放り投げ、乱暴に使っていたことが想像できます」

## 同じ軽自動車でも燃費が大きく違う

日常の足としての車を選ぶなら、それほど高い予算を準備しなくていいことはわかった。30万円の車なら仮に4年乗れば、1か月当たりの車両代は6250円だ。

さらに気になるのは、ランニングコストだ。いくら安い車でも、ガソリンを垂れ流すような燃費の悪い車では困る。日常の足として使う以上、デザイン性などより、この燃費が重要なポイントになってくるだろう。

伊達さんは予算30万円でも手が届く燃費のいい軽自動車を2つ挙げた。

「近頃の傾向として、N－BOX（ホンダ）、タント（ダイハツ）、スペーシア（スズキ）など、背の高いタイプの軽自動車が人気ですが、背の高い分、空気抵抗が強くなります。燃費を考えれば、従来型の車高の低いミライース（ダイハツ）やアルト（スズキ）がお勧めでしょう。特にミライースは軽量化による燃費の良さが評判で、ハイブリッド車並みに走ります。中古車を前提として答えているので一つ前のモデルで見比べますが、カタログ燃費を見るとN－BOXは1ℓ当たり18・2～25・6㎞です。対するミライースは、1ℓ当たり27・0～35・2㎞と、大きく違うことがわかります」

ただ、単身や夫婦二人ならそれでいいが、子どもがいると軽自動車は手狭に感じてしまう。

30万円程度の予算で手が届く車はあるのか。

「ミニバンタイプになりますが、ホンダのフリードをお勧めします。3列シートで、手狭に感じることはないでしょう。10年落ちなら、その予算でも見つかるはずです。田舎は競争相手が少なく、料金が高くなりがちです。最寄りに大きな町があれば、そこの中古車店で探すのがいいでしょう」

また、少しでも安く買いたいなら、時期も大切だという。

「新生活が始まる前の2月や3月はどうしても高くなりがちです。ゴールデンウィークやシルバーウィークなどの長期休暇は、販売店はセールなどを行い、営業に力を入れます。その時期の直後にある車は売れ残りですが、その分、割安になる可能性は高いでしょう」

ちなみに筆者が淡路市に移住し、日常の足として買ったのは偶然にもダイハツのミライースだった（伊達さんの取材前）。7年落ちだが、走行距離はわずか2万6000㎞で、総額は35万円だった。ミライースに決めた理由は、中古車販売店の店主のこんな言葉がきっかけだった。

「ガソリンを前にいつ入れたか忘れるくらい走る。運転代行業者さんがよく使っている」

予算に余裕のある人はいいが、筆者のような貧乏人は、生活費の大きな負担になる車選びは慎重にしたいものだ。

## 3　生活インフラ

### 4分の1の市町村に高校はない

「買いたいものはAmazonで届くし、地方でも問題ありません」

移住者への取材で繰り返し聞いた言葉だが、医療や教育はそういうわけにはいかない。淡路市に移住した前出の白石さんは、四国のある町も移住候補地に入れ、実際に町を訪れるなど、前向きに検討していた時期があった。断念した理由は教育だった。

「町に高校がなく、高校生は町から出て下宿するというのです。子どもと過ごす時間を増やしたいから移住するのに、それでは意味がありません」

現在、高等学校への進学率はほぼ100％に近いが、全国の市町村の4分の1には高校がない。その後の高等教育機関（大学、短大、専門学校）が大都市圏に集中していることは説明するまでもない。

地方は待機児童率も低く、幼児期から学齢期の子育てにはいいかもしれないが、中学高校と上がるにつれ、選択肢は狭まる。生徒数が少なければ、協調性や競争力が身につくのかといった不安も出てくる。白石さんは「働き方と同じく、教育もこれからオンライン化する」と期待を寄せるが、高等教育の選択肢の少なさは悩みの一つになるだろう。

医療体制も、都市部に偏重しているのは明らかだ。総面積から森林などの林野面積と、面積が１㎢以上の主要湖沼面積を引いた可住地面積１００㎢当たりの一般病院数を見ると、最も少ない秋田県（１・７）と最も多い東京都（42）には20倍以上の開きがある（図表16）。

また、４００床以上の病床数を持ち、高度医療を提供する特定機能病院は全国に87あるが、これも都市部に集中している。第四章で取り上げた新潟県十日町市に移住した小山友誉さんが「雪が積もったらタクシーも救急車も来ない」と話していたが、何かあった際の対応は、田舎に行けば行くほど困難になるのは確かだろう。

## リモートワークなら実測30 Mbps 以上を

教育や医療などの生活インフラはある程度想像できるかもしれないが、忘れてはならないのが通信環境だ。目下、コロナ下で起こっているのはリモートワーク移住であり、そのリモートワークを支える通信環境が脆弱では、移住どころの話ではない。

## 図表16 都道府県別医療体制

| 都道府県名 | 一般病院数（可住地面積100㎢当たり） | 特定機能病院数 |
|---|---|---|
| 北海道 | 2.2 | 3 |
| 青森 | 2.4 | 1 |
| 岩手 | 2.1 | 1 |
| 宮城 | 3.6 | 1 |
| 秋田 | 1.7 | 1 |
| 山形 | 1.9 | 1 |
| 福島 | 2.5 | 1 |
| 茨城 | 3.9 | 1 |
| 栃木 | 3.0 | 2 |
| 群馬 | 5.1 | 1 |
| 埼玉 | 11.4 | 2 |
| 千葉 | 7.1 | 2 |
| 東京 | 42.0 | 16 |
| 神奈川 | 19.8 | 4 |
| 新潟 | 2.4 | 1 |
| 富山 | 4.7 | 1 |
| 石川 | 5.8 | 2 |
| 福井 | 5.4 | 1 |
| 山梨 | 5.4 | 1 |
| 長野 | 3.5 | 1 |
| 岐阜 | 4.0 | 1 |
| 静岡 | 5.4 | 2 |
| 愛知 | 9.6 | 4 |
| 三重 | 4.2 | 1 |
| 滋賀 | 3.8 | 1 |
| 京都 | 13.5 | 2 |
| 大阪 | 36.2 | 7 |
| 兵庫 | 11.4 | 2 |
| 奈良 | 8.8 | 1 |
| 和歌山 | 6.7 | 1 |
| 鳥取 | 4.3 | 1 |
| 島根 | 3.3 | 1 |
| 岡山 | 6.6 | 2 |
| 広島 | 9.1 | 1 |
| 山口 | 6.9 | 1 |
| 徳島 | 9.3 | 1 |
| 香川 | 7.9 | 1 |
| 愛媛 | 7.6 | 1 |
| 高知 | 10.1 | 1 |
| 福岡 | 14.5 | 4 |
| 佐賀 | 6.9 | 1 |
| 長崎 | 7.3 | 1 |
| 熊本 | 6.3 | 1 |
| 大分 | 7.3 | 1 |
| 宮崎 | 6.6 | 1 |
| 鹿児島 | 6.3 | 1 |
| 沖縄 | 6.9 | 1 |

出典：総務省統計局「統計でみる都道府県のすがた」、特定機能病院数は厚生労働省「特定機能病院の承認状況」（令和２年12月１日現在）

筆者も淡路市に移住早々、通信環境の問題に出くわした。都市部の生活しか知らないと、ドコモだろうが、ａｕだろうが、ソフトバンクだろうが、どのキャリアを使っても電波状況は「いい」のが当たり前だ。格安ＳＩＭでも困ることはないだろう。

だが、地方に行けば行くほど、通信環境は不安定になる。電波を拾う基地局の数が少なく、キャリアによる強いエリアや、弱いエリアが出てきたりする。

筆者は東京居住時、ａｕを使っていたが、淡路市に移住すると、自宅内では電波が1本立つかどうかという状態になった。妻が使っているドコモの電波に問題はない。ではａｕが悪いかというと、逆に、妻のアルバイト先ではドコモの電波が弱くなり、ａｕの電波が良くなったりする。

第一章に登場したＩＴ企業ビッグローブ社員の平澤庄次郎さんは、さすがはその道のプロだ。移住先の物件探しの際にまず確認したことが、主要なインターネット回線である「光回線」が通じているかどうか。光回線は全国どこでも使えるわけではない。

平澤さんはこんなアドバイスをする。

「Ｚｏｏｍなどのオンラインミーティングが増えていますが、ある程度の速さがないと、会話がテンポよく進まなかったり、画面共有が不安定になったり、相手に迷惑をかける可能性があります。快適にリモートワークをするためには、上り、下り共に、実測値で30 Mbps 以上をキープできる環境が必要です。ギガの光回線をおすすめします」

光回線の提供エリアはホームページで検索することができる。

また、キャリアごとの移住先の電波状況も確認しておいたほうがいい。誰も筆者のように、移住早々、キャリアを変える手続きに走り回りたくはないだろう。

# 終章

# 第三の日本

## 余暇を楽しむ場所から生活する場所に

東京都渋谷区在住の飯田昭雄さん（53歳）は、長野県の北西部に位置する大町市への移住を決めている。大町市は、西は富山県、北は白馬村と隣接し、標高3000m級の山々が連なる北アルプスの麓にある。市内には、県下有数の透明度を誇る青木湖がある。夏にはキャンプやカヌーを楽しみに、たくさん人が訪れる。

飯田さんはアメリカに本社を置く外資系の大手建築設計会社の日本支社に勤めている。以前は広告業界で働いていたが「形あるもの」を残したいと、50歳を過ぎてから現在の会社に転職した。本社が日本より感染拡大が速かったアメリカにあるということもあり、日本国内の緊急事態宣言前からリモートワーク体制になった。妻も同様に外資系企業に勤めており、早々に夫婦で出社しない生活が始まった。

箱根や能登半島などに足を延ばし、ワーケーションで仕事を続けた。

ワーケーションで日本各地を転々とするなか、飯田さんは長野県の白馬村に魅入られた。

利用していた貸別荘のオーナーの家に招かれた。そこが大町市だった。自宅は広く、家の裏は青木湖で、自宅の敷地内からカヌーに乗って、湖にも出られる。夢のような空間だと感じると同時に、こう思った。

「余暇を楽しむ場所だと思っていたが、貸別荘のオーナーのように田舎で生業を持ち、こうして生活をする人もいる。働く場所を選ばなくなった今、自分もいい環境のなかで生活をしたい」

青木湖周辺から空き物件が出たと貸別荘のオーナーから連絡が入り、すぐさま現地に飛んだ。敷地面積は３００坪。オーナーの自宅と同じく、家の裏は青木湖だ。

即決だった。築40年の中古物件に薪ストーブや床暖房設備を取り入れるため、リフォームの工事を進めている。２０２１年夏には移住できる予定だ。

飯田さんは話す。

「東京へは車で4時間程度かかりますが、月に一度くらいのペースですから、問題はありません。長野から新幹線に乗って東京に出るのもいい。何もない農山村エリアだと生活に不自由しますが、白馬までは車で15分程度です。白馬に行けば、洒落たカフェやレストランだってある。生活には困らない」

## オフィスは雑談する場所になる

飯田さんは建築設計会社の社員として、ポストコロナのオフィス作りに関わっている。たくさんのクライアントと仕事をする中で、もうコロナ以前の社会には戻らないと確信している。飯田さんはこう話す。

「ポストコロナ時代に向け、オフィス機能をどのように持つか、各社が頭を悩ませているところです。コロナ前から個々の社員が自席を持たないフリーアドレス化が広がっていましたが、もはや会社に来る必要もなくなりました。ただ、オンラインとは違った、リアルミーティングの良さもあります。打ち合わせの後の雑談などから、信頼や新たな発想が生まれたり、モチベーションが上がったりします。今後、オフィスは仕事をする場所ではなく、雑談をするための場所になっていくと思います」

飯田さんの勤める会社は大手の外資系企業、世界各地にブランチを持つ。そのため、コロナの対応のみならず、日本がどれだけ遅れをとっているかを体感している。

「いまだにファックスやハンコを使う文化は、例えば、中国人から見れば、化石時代を見るようなものでしょう。電子マネーもようやく日本で普及してきましたが、中国人観光客が日本で最初に買うものの一つがお財布です。中国ではもう、紙やコインのお金は使いません。台湾などがデジタル技術を用いて感染拡大を抑えこんだように、コロナ対応にしても、世界からの遅れが顕著に見えました」

今回のコロナ対応で「良くも悪くもデジタル庁創設の話が出てきたり、ハンコ文化の見直しの議論が始まったり、日本にとってはいいきっかけになった部分もある」とし、飯田さんはこう続けた。

「これからは働く場所を選べる時代。昭和型の営業スタイルにこだわる会社には、若者も集まらなくなるでしょう。東京という街自体も魅力を失っている。例えば、渋谷の宮下公園はただ若者文化の発信地だったが、商業施設に変わってしまった。大手不動産デベロッパーはただ人が集まればいいという発想で、文化や人の営みまで潰してしまっている」

飯田さんは最後にこう付け加えた。

「次の未来へ。それが、コロナのメッセージだと思う」

**村を作りたい**

コロナ下の移住熱の高まりを受け、刊行を急いだ結果、約1か月半という限られた取材期間ではあったが、新型コロナ感染拡大後に移住した23名と、すでに移住を決めている1名。また、すでにコロナ前に移住した８名から話を聞くことができた。

取材対象の中心はミレニアル世代（１９８1年以降に生まれ、２０００年以降に成人を迎えた世代のこと）と呼ばれる20代、30代の働く世代だった。１９８1年生まれの筆者も、ぎりぎりその世代に入る。

印象的だったことがある。３人から同じセリフを聞いた。

「村を作りたいんです」

彼らが話す「村」に具体的な計画や、それに向けた予算があるわけではなかったが、現在の日本社会という「枠」から脱したいのだと筆者は理解した。

３人のうち二人は20代、残る一人は30代だった。戦後の復興の象徴だった「東京オリンピック」を知らなければ、日本企業が世界経済をけん引した「ジャパン・アズ・ナンバーワン」と言われた時代も知らない。

バブル崩壊後に社会に出て、失われた10年が20年となり、東日本大震災を経験した。その後、第二次安倍内閣が誕生し、アベノミクスによる日本経済の再建を目指した。

大胆な金融政策で円安・株高を演出し、戦後２番目に長い景気拡大を実現したが、庶民がその実感を体感するには至らなかった。安倍政権は高い有効求人倍率を誇ったが、それは労働力人口の減少の裏返しに過ぎなかった。度重なる規制緩和で労働者は正規、非正規に分けられ、終身雇用どころか、大企業までもが副業を認める時代になった。

「いい大学に出て、いい会社に入れば幸せになる」

まだまだ、そう親に言い聞かされ、育った世代だ。

経済発展の名のもとに、国も企業も限りない成長を目指しているが、いったい、そこに幸せはあったのか。

## きっかけは「ポツンと一軒家」

村を作りたい。

そう言った一人が、中学の同窓の金子慶多（37歳）だった。

本書の「はじめに」でも触れたが、筆者は彼が淡路島で農業を始めたと聞き、一緒にやろうと移住を決断した。

友人に「さん」付けすることに違和感を覚えるが、金子さんが移住を考えたきっかけは2018年の大阪府北部地震だった。神戸市長田区出身の金子さんは、阪神・淡路大震災も経験している。被災時は小学6年生。今でも覚えているのは、避難所で建設や土木関係の仕事に就く人たちが、手持ち道具でかまどを作り、皆に感謝されていたことだ。

大阪府北部地震で、そのときのことを思い出した。

「またいつ大きな地震が来るかわからない。都市部で震災が起これば、パニックになる。流通が止まり、食料の奪い合いになる。一人でも生き抜く力をつけたい」

筆者が移住を決めた理由も、ちょっとした危機感だった。

新型コロナ感染拡大の影響で、各国が食料の輸出の制限に動いた。アフリカ大陸では砂漠トビバッタが農作物を食い尽くし、食糧危機が発生した。コロナ禍でマスク不足が大きな問題になったが、百歩譲ってマスクが届かなくても、それは生命には関わらない。けれども、食料が届かなくては困る。食料自給率が約4割（カロリーベース）の国であるのに、農家は担い手不足に困っているという。自らも農業に従事し、その業界自体を記者としてウォッチしたいと思った。

金子さんの移住のきっかけとなった大阪府北部地震直後に始まった番組がある。テレビ朝日の人気番組「ポツンと一軒家」だ。金子さんにとって、それは衝撃的だった。

「生きるために働いているのではなくて、ただ、自然とともに生きている。その姿がたまらなく強く、幸せそうに見えた」

　自然に囲まれ、自給自足で、たくましく生きている人がいる。番組を見た翌日、妻の香居さん（43歳）と放送で紹介されていた家に向かった。若い人が来たことに感謝された。同時に思った。

「こんな自然豊かで贅沢な空間が、高齢化でどんどん荒廃していっている。それはとてももったいないし、守っていかなければならない」

**働くために生きたくない**

　そこから、具体的な移住先探しが始まった。大学中退後、一貫して土木関係の仕事に携わってきた金子さんに不安はなかった。

「土木の技術があれば、どこの田舎に行っても仕事はある。むしろ、建設や電気工事士、自動車整備士など、そうしたブルーワーカーほど田舎では引く手あまた。地方に行けば、30代、40代はまだまだ若い。リモートワークできる人だけが移住できるというわけではない」

　金子さん夫婦は移住先を求め、いくつか自治体を転々とし、2019年10月に淡路島に移住した。農地所有者と信頼関係を深め、固定資産税程度の賃料で農地を借り、農機具も地元

空き家を改修し、お好み焼き屋を開店させた金子さん夫婦

農家から借りる。農地はすべて担い手のいない耕作放棄地で、その開墾作業から始まった。

始めたばかりの農業はまだ収入のメドがたたないが、建設業と便利屋で生計を立てている。畑では化学肥料を使わず、竹を粉末にした竹パウダーや米ぬかを土壌改良材に使う。持続可能な農業を目指す仲間を集めるため、体験農園も始める予定だ。

空き家の家主と交渉し、自ら店舗に改修し、2021年1月にはお好み焼き屋「焼王」（淡路市仮屋）をオープンした。

それは、彼なりの「村づくり」の一歩だ。

「働いてるとき一番無駄だと思ったのが、友人と飲みに行くお金。自分で仲間と飲む場所をつくれば、タダになる。食材だって、自分たちで作る。働くために生きることからは、もう卒業したい」

開店日には噂を聞きつけた地元の高齢者が集まった。

「昔、ここにはすごい大きな商店街がずっと続いてたんだぞ」

友人とかけつけた地元の元漁師が、嬉しそうに話していた。

## 菅首相「移住を強力に後押しする」

本稿執筆時点（２０２１年2月）では、二度目の緊急事態宣言が発令され、新型コロナウイルスのワクチン接種が医療関係者を優先に始まってはいるが、変異型のコロナウイルスが現れるなど、まだまだ先が見通せない状態にある。

1月18日、通常国会が始まった。菅義偉《すがよしひで》首相は政府の年間の基本方針を示す施政方針演説の冒頭で、再度の緊急事態宣言の発令に「大変申し訳なく思う」と語ると共に、「一日も早く収束させる」と訴えた。

移住についても触れている。

「東京一極集中の是正、地方の活性化も長年叫ばれてきた課題です。『東京圏』と言われる1都3県の消費額は全国の3割に過ぎません。残りの7割の消費は『地方』なのです。地方の所得を引き上げ、その消費を活性化しなければ、日本全体が元気になりません」

「新型コロナを機に、改めて地方への関心が高まっています。23年間、東京都へは人の転入が超過していましたが、昨年の夏以降は、5か月連続で流出が続いています。

そうした機会をとらえ、地方にいても都会と同じ仕事、同じ生活ができる環境をつくり、都会から地方への大きな人の流れを生み出してまいります。

来年度までに光ファイバーが離島を含めて整備され、全国的にテレワークの環境が整います。最大100万円の交付金、住宅購入には最大100万円分のポイント付与で、地方への移住を希望する方々を強力に後押しします」

お金を出せば移住者が増えると考えているのだとすれば、実に安易で、稚拙だ。本書でも触れてきた通り、地方移住には多くの法律的な課題やインフラ整備の問題もある。

それよりも、聞きたいのは、日本の明日だ。生産年齢人口が減り続ける中で、どんな国を目指すのか。2021年は、10月に衆議院議員の任期満了を控え、遅くとも秋までに衆議院選挙が行われる。政権与党は支持率の上下に右往左往し、野党は与党の揚げ足取りに必死で、この国のリーダーから、日本の明日が語られることがない。

## 故・堺屋太一さんの言葉

週刊誌『AERA』の記者時代だった2018年8月に、筆者は「団塊の世代」の名付け親で、経済企画庁（現在は内閣府に統合）長官などを歴任した作家の故・堺屋太一さん（享年83）を取材する機会に恵まれた。取材は自民党総裁選に関するものだったが、それを論評することはなく、日本の政治そのものへの危機感を語っていた。

「一番の問題は、野党がいないことです。野党がいない政治には、そもそも論争が生まれない。総裁選など、コップのなかの嵐に過ぎません。これは日本にとって非常に不幸なことです。野党や反自民勢力を意識する必要がないから、政治家が大きなビジョンを描くことがなくなりました」

そして、こう続けた。

「例えば今、日本が直面している最大の問題は少子化です。これを真剣に議論する人がいない。地方から若者を吸い上げ、東京一極集中だから、少子化が見えない」

堺屋さんは１９９７年に朝日新聞紙上で連載を始めた近未来小説『平成三十年』（朝日文庫）で少子化をすでに予測していた。この作品は、人口が減少し、東京一極集中で地方は衰退、国の借金は増え続けるというストーリーだ。まさに、現実も小説のような世界が広がっている。単行本化した際のサブタイトルは「何もしなかった日本」。このサブタイトルについて堺屋さんはこう話していた。

「（現実は）『何もしなかった日本』と比べても、もっと何もしなかった日本です」

その近未来小説『平成三十年』には、続編『団塊の後』（毎日新聞出版）がある。

舞台は団塊の世代がリタイアした後の2026年の日本だ。47歳と若い首相の徳永好伸は、新春施政講話で国民にこんな言葉を投げかける。

「私は日本の社会と風土と現代の気質に合った『身の丈の国』を創りたい。成長に気張らず、国内総生産の数値を気にせず、外国と富を競わず、日本自身の幸せを追求すべきだ、と考えています。それが私の考える『身の丈に合った国』なのです。日本は素晴らしい国です。治安は良好で犯罪は世界一少ない。交通事故や労働災害もきわめて少ない。交通機関の運行はどこの国よりも正確、そして何よりも世界一の長寿国です。美しい日本、安全な日本を守ろうではありませんか」

同作品のサブタイトルは「三度目の日本」。堺屋さんはその意味をこう話していた。

「強い日本を目指した第1の日本は明治維新から1945年の敗戦で終わりました。戦後、第2の日本の正義は『安全と平等と効率』でした。しかし、平等と安全が過ぎると、冒険心が生まれない低欲社会になり、世の中から意外性と多様性が消えてしまいます。日本の官僚は2年程度でポストが変わる仕組みなので、長期的な視野を持って問題を考えられない。政治家がビジョンを持って『第3の日本』を語っていく必要があります」

日本のリーダーの口から、ソーシャルディスタンスやリモートワークといった「ニューノーマル」ではなく、「ニュージャパン」が語られる日はくるのだろうか。

その答えは、移住者たちが見つけ始めている。

# あとがき

本書の執筆にあたり、最も頭を悩ませたのが第一章の扱いだった。

これまで書いてきた通り、コロナ移住者の大半はリモートワーク環境の整った一部の大手企業やＩＴ関連企業などの社員だ。地域おこし協力隊という移住方法の実態にも触れたが、まだまだコロナ移住を実行に移せる人は限定的だ。せっかく本書を手に取って頂いても、自分には関係ないと手放されるのではないかという不安があった。

それでも、本書はコロナ移住のリアルを書くことが目的であり、当然だが、嘘を書くわけにはいかない。だけど、諦めないで欲しい。地方には、活躍する場所はたくさんある。

本稿「あとがき」執筆時にも、近所の喫茶店で知り合った漁師さんから電話があった。３月、淡路島では春の風物詩とも言える、いかなご漁が解禁される。手伝いにこられないかという電話だった。

4月で40歳を迎える筆者だが、この島ではまだまだ若い。その漁師さんの漁を手伝った経験があるが、驚いたのは漁に出た船が一斉にセリに向けて荷捌《にさば》き場に戻ったときだ。その漁師さん自身が70代だが、80代の現役の漁師さんもいた。筆者など若造だ。釣りが好きだと話すと「これから漁師にならないか」と誘ってくる漁協関係者もいた。

本書の取材の隙間を縫って、筆者の主たる取材テーマである外国人労働者の取材も続けていた。目下、解雇されたり、失踪したりした技能実習生の争奪戦が起こっている。コロナ下で新たな外国人の入国に制限が入る一方、職を失った帰国困難な技能実習生は在留資格を変更し、職種を問わずに働き続けることが可能になったからだ。

彼らの保護団体には、全国から電話が鳴る。建設や介護、農業や水産加工など、地方からの依頼ばかりだ。どこも町から働き手が出ていき、人がいないと嘆いている。終章で友人、金子の証言を取り上げたが、コロナ移住は何も都市部で仕事を確保し、リモートワークで働ける人だけの特権ではない。むしろ、ブルーカラー職はどこも人手不足で、田舎に行けば30代、40代も若手だ。やる気さえあれば、活躍する場は山のようにある。

確かに、地方の賃金水準は都市部に比べ低いかもしれない。肉体労働や単純作業が中心かもしれない。ショッピング施設やアミューズメント施設だって少ない。

だが、筆者にとって淡路島はおもちゃ箱のような島だ。山があり、海があり、四季がある。都会には消費する楽しみしかないが、田舎にはあるのは創り出す喜びだ。耕作放棄地を耕し、空家を改修し、仕掛けを作って竿を出す。

現在、都市部でやりがいを持ち、多大な消費を支えるだけの収入を得て、楽しく生きている人にまで移住を勧めたいとは思わないが、そうした人がどれだけいるだろうか。

そもそも、昭和の管理教育の反省から、平成の時代は個や自由を重んじ、「仕事にはやりがいがあるべきだ」と言い過ぎた。いいじゃないか。たとえ単純労働でも、平日は精いっぱい働いて、休みの日は家族と幸せに過ごす。それも、満員電車にベビーカーを押し入れ、誰かが作ったハコの中で消費するわけじゃない。四季の移ろいを感じることにお金はかからないし、子どもと走り回る場所だってたくさんある。労働力人口が減少するなかでの限りない経済成長を求める「無理ゲー」に参加するよりかは、よほど幸せだ。

あなたは今、幸せに生きていますか？

コロナはそれを問いかける契機であったことは間違いない。

本書の編集を担当してくれた中央公論新社の山田有紀さんにお礼とお詫びを申し上げたい。筆者は神戸に生まれ育ち、小さな頃から野球少年で、自然と阪神タイガースファンになった。これまでに甲子園球場で「くたばれ読売」と100回以上は叫んだと思う。社会人になってからは、読売新聞のライバルという理由で朝日新聞を購読した。

中央公論新社は読売新聞グループの一員であり、その社屋は東京都千代田区の読売新聞本社ビル19階にある。本書の打ち合わせで初めてその社屋ビルに入る際には、独特の緊張感を覚えたものだ。受付フロアにはジャイアンツの選手の大きなタペストリーが飾られており、ここは敵陣なんだと感じた。

山田さんも、いつかは地方に移住したいと話していた。その際は移住者の先輩としてアドバイスさせて頂くことで、敵陣から著書を出す筆者を許して頂ければ幸いだ。読者の皆様も筆者で良ければ移住相談に乗るので、気軽に連絡して欲しい。

最後に、取材にご協力頂いた移住者、そして、移住関係機関や自治体の担当者の皆様、貴重な時間をありがとうございました。筆者もコロナ移住者の一人として、新しい日本を創っていきたいと思います。

## 初出一覧

- 高速バス効果で学校も／朝日新聞出版『ＡＥＲＡ』２０１８年10月８日号
- 小泉進次郎が首相に？　故・堺屋太一さんが予測した東京オリンピック後の日本／AERA dot.／２０１９年２月16日配信
- パソナ本社移転で注目の淡路島にコロナ移住…釣り三昧、体重５キロ減。大変なことは…／BUSINESS INSIDER／２０２０年９月24日配信
- 新規就農者の平均所得は「１０９万円」。移住熱で注目集める農業参入に３つの壁／BUSINESS INSIDER／２０２０年11月20日配信
- 「半農半Ｘ」で収入も幸福も／朝日新聞出版『ＡＥＲＡ』２０２０年12月28日〜２０２１年１月４日号
- 「戦後農政史の大転換」小田切徳美・明治大学教授に聞く〝半農半Ｘ〟の未来／アグリジャーナル／２０２１年１月22日配信
- 地方への思い　実現の妙手／朝日新聞出版『ＡＥＲＡ』２０２１年２月８日号
- コロナ移住は本当に起きている？　東京都の転出超過で人気の地にみるある法則／BUSINESS INSIDER／２０２１年２月17日配信
- 予算30万円。田舎暮らしに欠かせない専門家オススメの中古車は？／カラふる／２０２１年３月３日配信

ラクレとは…la clef＝フランス語で「鍵」の意味です。
情報が氾濫するいま、時代を読み解き指針を示す
「知識の鍵」を提供します。

**中公新書ラクレ**
**726**

# 東京《とうきょう》を捨《す》てる

## コロナ移住《いじゅう》のリアル

2021年4月10日発行

著者……澤田晃宏《さわだあきひろ》

発行者……松田陽三
発行所……中央公論新社
〒100-8152 東京都千代田区大手町1-7-1
電話……販売 03-5299-1730　編集 03-5299-1870
URL http://www.chuko.co.jp/

本文印刷……三晃印刷
カバー印刷……大熊整美堂
製本……小泉製本


Published by CHUOKORON-SHINSHA, INC.
Printed in Japan　ISBN978-4-12-150726-6　C1295

# 中公新書ラクレ　好評既刊

L697
## 世紀の落球
――「戦犯」と呼ばれた男たちのその後

澤宮　優 著

北京五輪の野球日本代表となったG.G.佐藤。今も語り継がれる高校野球星稜・箕島戦の星稜一塁手加藤直樹。最終戦で敗れ、巨人のV9を阻止できなかった阪神の池田純一中堅手。彼らは、大事な試合で大きなミスを犯したとして、ファンやマスコミから非難を浴び、人生が暗転した。理不尽なバッシングとどう戦い、そして立ち直ったのか。「落球」の烙印を背負った男たちの「その後」を辿るスポーツノンフィクション。

L699
## たちどまって考える

ヤマザキマリ 著

パンデミックを前にあらゆるものが停滞し、動きを止めた世界。17歳でイタリアに渡り、キューバ、ブラジル、アメリカと、世界を渡り歩いてきた著者も強制停止となり、その結果「今たちどまることが、実は私たちには必要だったのかもしれない」という想いにたどり着いたという。混とんとする毎日のなか、それでも力強く生きていくために必要なものとは？　自分の頭で考え、自分の足でボーダーを超えて。あなただけの人生を進め！

L709
## ゲンロン戦記
――「知の観客」をつくる

東　浩紀 著

「数」の論理と資本主義が支配するこの残酷な世界で、人間が自由であることは可能なのか？「観客」「誤配」という言葉で武装し、大資本の罠、敵／味方の分断にあらがう、東浩紀の「生き延び」の思想。哲学とサブカルを縦横に論じた時代の寵児は、2010年、新たな知的空間の構築を目指して「ゲンロン」を立ち上げ、戦端を開く。いっけん華々しい戦績の裏にあったのは、予期せぬ失敗の連続だった。ゲンロン10年をつづるスリル満点の物語。